Quando éramos Eva

Dados Internacionais de Catalogação na Publicação (CIP)
(Câmara Brasileira do Livro, SP, Brasil)

Mitchell, Colleen C.
Quando éramos Eva : descobrindo a mulher que Deus nos criou para sermos / Colleen C. Mitchell ; tradução de Jacqueline Valpassos. – Petrópolis, RJ : Vozes, 2021.

Título original: When we were Eve
ISBN 978-65-5713-225-8

1. Corpo humano – Aspectos religiosos – Cristianismo 2. Eva (Personagem bíblico)
3. Igreja Católica – Doutrinas 4. Mulheres – Aspectos religiosos – Cristianismo I. Título.

21-71970 CDD-248.843

Índices para catálogo sistemático:
1. Mulheres : Vida cristã : Cristianismo 248.843
Cibele Maria Dias – Bibliotecária – CRB-8/9427

COLLEEN C. MITCHELL

Quando éramos Eva

DESCOBRINDO A MULHER QUE DEUS NOS CRIOU PARA SER

Tradução de Jacqueline Valpassos

Petrópolis

Tradução realizada a partir do original em inglês intitulado
When We Were Eve – Uncovering the Woman God Created You to Be.

Direitos de publicação em língua portuguesa:
2021, Editora Vozes Ltda.
Rua Frei Luís, 100
25689-900 Petrópolis, RJ
www.vozes.com.br
Brasil

Diagramação: Sheilandre Desenv. Gráfico
Revisão gráfica: Jaqueline Moreira
Capa: Estúdio 483

ISBN 978-65-5713-225-8 (Brasil)
ISBN 978-1-63253-212-1 (Estados Unidos)

Editado conforme o novo acordo ortográfico.

Este livro foi composto e impresso pela Editora Vozes Ltda.

Aos homens em minha vida, que me ensinam continuamente o que é a alegria de ser mulher.

À *pequena cabana nas montanhas e ao seu dono, que me manteve firme quando eu mesma não tinha condições de fazê-lo.*

À *mulher que entrou na minha vida, acomodou-se ao meu lado em um banco de jardim e nunca mais foi embora.*

Vocês são a personificação do amor e da benevolência e me mantêm centrada.

Índice

Introdução

> A consciência do significado do corpo (...) é o elemento fundamental da existência humana no mundo.[1]
>
> (João Paulo II)

Desde que me conheço por gente, meu corpo sempre me pareceu um campo de batalha. Por causa do abuso sexual na infância, dos perigos da adolescência feminina e das questões de peso, da jornada pelo casamento e sexualidade, das gravidezes de alto risco e das cesarianas indesejadas, da perda de um bebê e de repetidos abortos espontâneos, do esgotamento físico e emocional que levou a vários problemas de saúde – pela maior parte da vida, sempre encarei o meu corpo, de uma forma ou de outra, como uma desvantagem.

No entanto, este corpo se entregou a mim recorrentemente como bênção. Dançou *em pointe* e me presenteou com o dom de reproduzir a mágica do balé, concebeu dez bebês e gestou seis até dá-los à luz neste mundo de sua forma única, doando-se repetidamente no amor sexual da intimidade do casamento, proporcionando-me ruborizada satisfação, percorreu estradas de terra nos confins do mundo com convicção e propósito de missionário, amamentou bebês, escreveu palavras significativas,

1 SCHU, W. e WEIGEL, G. *The Splendor of Love: John Paul II's Vision for Marriage and Family*. New Hope, KY: New Hope, 2003, p.82.

nadou no oceano e banhou-se em cachoeiras e olhou para um céu escuro iluminado pela lua cheia e milhões de estrelas cintilantes. Meu corpo me deu as melhores partes da minha vida.

A verdade é que muitas vezes o trauma da batalha me deixou com feridas tão profundas que a vida de bênçãos falha em eclipsar a desconfiança que tenho deste meu corpo. Quando vejo meu corpo através dos olhos espirituais, o mesmo costuma acontecer. Sei que meu corpo é feito à imagem e semelhança de Deus, mas chamamos o lugar do pecado em nós mesmos "a carne". Consumimos Jesus com nosso corpo e, com a mesma frequência, ao que parece, o negamos com ele. O que permanece no equilíbrio entre encarar meu corpo como um campo de batalha e enxergá-lo como uma bênção é uma desorientação e um anseio – a desorientação sobre como aceitar ambas as verdades da minha experiência dentro do meu corpo e o anseio de me conhecer por completo, corpo e alma, na perspectiva saudável que parece ser natural para alguém que se considera uma filha amada do Pai.

Durante muito tempo, pensei estar sozinha nessa desorientação e nesse anseio, que se baseavam inteiramente em minhas experiências individuais e em respostas estranhas a elas. Mas, recentemente, venho testemunhando a conversa sobre mulheres e seus corpos e como isso afeta suas vidas espirituais, repetidas vezes no mundo ao meu redor. Muitas mulheres parecem compartilhar minhas experiências e desorientação e decidiram que é hora de pararmos de manter tudo em segredo e começarmos a dizer francamente a verdade sobre a experiência da vida como cristã dentro de um corpo feminino.

A maior parte da narrativa franca que encontrei, no entanto, eram versões do relativismo espiritual de "seu corpo é bom e sabe o que o fará feliz e pleno, e ser pleno é o real significado de santidade, então vá em frente e siga o que seu corpo lhe ditar, aonde quer que o leve".

Embora exista verdade na afirmação de que nosso corpo é inerentemente bom por natureza, há igual verdade na realidade de que ele também decaiu devido à sua natureza; ainda temos a tendência de nos deixar governar por nossos desejos e, assim, cair em pecado. O pensamento católico é distinto em sua compreensão e ensino sobre o que significa buscar a santidade e a vida em Cristo dentro de nossa carne humana. A perspectiva católica sobre o corpo humano visa permitir que tracemos o curso da vida na tensão entre essas duas realidades de uma forma que leva a uma intimidade mais profunda com Deus e a uma vida sempre crescente em graça que, esperamos, leve-nos à comunhão eterna com Ele.

Descobri que muitas mulheres católicas se sentem assim como eu – sozinhas e reservadas em seus questionamentos e desorientação sobre seus corpos e suas experiências de fé dentro deles, e incapazes de se agarrar com firmeza suficiente ao lado do espectro que percebe seus corpos como uma bênção em vez de um campo de batalha. Elas estão ávidas para ouvir a verdade e para contar suas histórias. Embora exista vasta literatura católica que explique a perspectiva teológica sobre o corpo, há poucas narrativas abordando a jornada de uma mulher para o bem-estar espiritual e corporal que adotem totalmente essa visão.

Este livro é a minha história, que vim processando ao longo do último ano, enquanto fazia uma viagem de volta a mim mesma, partindo da exaustão, da vergonha e do segredo sobre minhas experiências rumo à esperança, à cura e à saúde. Não se trata de uma jornada cujo destino foi alcançado, cujas lições foram todas aprendidas e conferidas em fileiras organizadas como tijolinhos num muro. Estou menos para a sábia experiente no final de sua jornada do que para uma acrobata de circo parada no meio de uma corda esticada entre dois pontos, aprendendo a me manter em pé enquanto manobro para frente e para trás, entre uma compreensão mais profunda da integração de corpo e espírito e o polo oposto de, basicamente, desmoronar. Minhas pernas estão ficando mais fortes e estou começando a aprender a me equilibrar. Estou melhorando na jornada para dentro de mim de corpo e alma, desfazendo-me e me desenrolando a fim de revelar uma nova camada que precisa ser removida.

A coisa mais surpreendente que aprendi é que não há bem-estar espiritual sem a totalidade de um corpo e alma plenamente integrados. Não podemos buscar sinceridade espiritual e intimidade com Deus vivendo em um corpo que tem vergonha, um corpo que passamos a ver como inimigo do nosso bem-estar. Fomos criados como corpo e alma ao mesmo tempo, e ambos os aspectos de nossa humanidade são marcados com as impressões digitais de Deus.

Hoje, as mulheres estão cercadas por um mundo que nos dois extremos de um espectro nos vende uma completa desconexão de nossa realidade física e espiritual. Por um lado, o mundo da religião e da fé marca a carne como inimiga de nossa virtude, a fraqueza de nosso ser que na maioria das vezes nos afasta de Deus. Por outro lado, o mundo secular nos diz que o corpo é simplesmente um bonito invólucro do qual devemos obter o máximo de prazer possível e, portanto, podemos moldá-lo, manipulá-lo, posicioná-lo e manobrá-lo da maneira que quisermos a fim de obter o prazer provisório que mais desejamos agora.

O que esses dois extremos nos deixaram foi um mundo cheio de mulheres cristãs vagamente insatisfeitas que se sentem fora de sintonia e desconfortáveis dentro de seu corpo físico e ainda não conseguem colocar o dedo na ferida da desconexão. Todas nós podemos admitir prontamente que a noção de ficar nua e exposta, tanto em nosso corpo físico quanto em nosso verdadeiro eu, é uma proposição assustadora, repleta de traumas e com um peso emocional que não conseguimos superar. Muitas de nós nos sentimos frustradas porque, como mulheres adultas, o menor gatilho emocional pode nos fazer regredir a garotinhas inseguras que ficam vermelhas de vergonha. Comida e peso, vestuário e forma do corpo, sexo e intimidade, amizade e comparação – nossa vida está carregada de experiências que nos abençoam e nos amaldiçoam ao mesmo tempo, e nos fazem sentir como forasteiras que ocupam um corpo que é um completo desconhecido para nós e está estranhamente fora de nosso controle.

Se você se sente assim, não está sozinha. Há um monte de mulheres sentindo isso como você, e estamos prontas para contar nossas histórias e procurar o caminho de volta à integridade de corpo e alma que é nossa herança celestial.

Várias mulheres se ofereceram graciosamente para compartilhar suas histórias ao longo deste livro para que você possa ver que essa jornada de volta ao nosso eu físico é um empreendimento universal, que toda mulher autêntica deve enfrentar em algum momento de sua vida. São mulheres casadas e solteiras, mães biológicas e mães adotivas, mais jovens e mais velhas, vivendo diversas experiências. E, no entanto, cada uma de nós teve nossos momentos de acerto de contas, e ainda os está tendo, com a realidade encarnacional de nosso corpo feminino e como é a vida dentro dele. Todas lutamos contra as vergonhas, ganhamos terreno e encontramos os lugares onde ainda temos trabalho a fazer.

Santa Teresa Benedita da Cruz, chamada, antes da vida religiosa, Edith Stein, disse, em seu ensaio de 1932, *Spirituality of the Christian Woman*, sobre o significado da mulher: "Não podemos fugir à pergunta sobre o que somos e o que devemos ser". No entanto, muitas vezes nos sentimos bastante pressionadas, como mulheres, a evitar essas questões profundas e a apenas lidar com a questão da vida. E nós mesmas às vezes preferimos evitá-las, porque despir nossas máscaras e habilidades de enfrentamento e procurar profundamente a verdade costuma ser um processo doloroso, para o qual, talvez com razão, sentimos que simplesmente não há tempo.

Mas e se, no frigir dos ovos, essa fosse a nossa única e verdadeira tarefa aqui na terra? E se o trabalho que Deus tiver determinado para nós for parar de fugir das perguntas sobre o que somos e o que devemos ser e começar, como mulheres, a buscar em espírito de oração, se não por respostas, por pepitas de verdade nas próprias questões? E se nos permitíssemos fazer perguntas difíceis e profundas sobre esse corpo que habitamos e sobre o que Deus deseja para ele, tendo experiências muito diferentes e assustadoramente semelhantes em seu interior, sem nunca descobrirmos tudo? E se rejeitássemos a demanda que parece sempre presente no mundo ao nosso redor de nos reunirmos de uma vez por todas, enfiarmos nosso corpo dentro de uma caixa de presente brilhante, não importa se caibamos nela adequadamente, amarrando-a com um laço bem bonito e simplesmente silenciarmos sobre as lutas, a dor e a desorientação que sentimos?

Se minhas conversas com mulheres são um indicador, estamos prontas para ouvir o conselho de Santa Teresa e procurar a verdade sobre o que somos como mulheres e o que significa dever estar em busca da santidade e da plenitude. Neste livro, já estamos fazendo as perguntas e tateando o véu de mistério de Deus em busca das respostas. Enquanto fazemos isso, estamos caminhando juntas de volta ao Jardim do Éden e tentando lembrar quem éramos quando éramos Eva, vivendo nua e sem vergonha na forma feminina diante de Deus e do homem.

Juntas, refletiremos sobre o que somos e o que deveríamos ser.

Uma consideração antes de começar

Cada capítulo é aberto com uma consideração, uma questão sobre nossa experiência de fé e nosso corpo como mulher e os pensamentos que acompanham tal questão. Começamos a aprofundar essa consideração com uma contemplação imaginativa das Escrituras e o que elas podem nos revelar sobre o significado e o mistério por trás da questão que estamos considerando.

A partir daí, pegamos o que descobrimos e examinamos como isso pode se aplicar a nós como mulheres que desejam experimentar mais profundamente intimidade e harmonia em nossa vida espiritual e física. No final de cada capítulo, você encontrará a história de uma mulher e o que ela descobriu em sua própria jornada de fé e fisicalidade. As mulheres que você encontrará neste livro são um grupo diversificado e sei que você será abençoada por elas.

Por fim, ao final de cada capítulo, você encontrará uma seção denominada "Avancemos! Continuemos subindo!" (citando C.S. Lewis). São leituras das Sagradas Escrituras, anotações em diário e perguntas para reflexão em seu tempo de oração pessoal. Também são perfeitas para estudos em grupo da obra numa pequena reunião de mulheres.

Cada aspecto do livro tem como objetivo aprofundar o mistério do que significa ser mulher, de corpo e alma, e abrir os olhos para o grande presente que é esse mistério e obra-prima projetada por Deus. Este é o meu desejo para você, porque é o desejo de Deus que a criou e se compraz em você. Comecemos.

1 Nua e sem vergonha

As mulheres e o instinto do Éden

"Deus criou o ser humano à sua imagem, à imagem de Deus o criou, macho e fêmea ele os criou."

(Gn 1,27)

"Mas não havia para o ser humano uma auxiliar que lhe correspondesse. Então o SENHOR Deus fez cair um sono profundo sobre o ser humano e ele adormeceu. Tirou-lhe uma das costelas e fechou o lugar com carne. Depois, da costela tirada do ser humano, o SENHOR Deus formou a mulher e apresentou-a ao ser humano."

(Gn 2,20–22)

"Tanto o homem como a mulher estavam nus, mas não se envergonhavam."

(Gn 2,25)

Quando eu era criança, morávamos na mesma rua da minha avó. Íamos com frequência à casa dela para brincar no quintal e saborear a gostosura crocante dos biscoitos de açúcar que ela guardava no freezer ao lado da porta dos fundos.

Mas o lugar mais cobiçado por nós, o lugar que nos pertencia e ao qual pertencíamos, era sob os galhos da grande nogueira-pecã, cuja sombra dominava o seu quintal.

Minha avó morreu quando eu tinha pouco mais de três anos e sua casa foi vendida alguns anos depois. Mudamos não muito depois disso. Não tenho muitas lembranças claras das vezes que estive debaixo daquela nogueira-pecã – uma festa de quarto aniversário em que um homem estacionou um minúsculo carrossel em um trailer à sua sombra, todas as vezes em que me casei com o menino dos vizinhos, na ponta dos pés em cima das raízes da árvore, segurando um buquê de ervas daninhas murchas enquanto a irmã dele e meus primos oficiavam. Não sei se é a minha lembrança pessoal daquela nogueira-pecã que lhe confere uma aura de segurança e bondade em minha mente ou a lembrança coletiva familiar que a cerca que revestiu a nebulosidade das minhas próprias lembranças com mais beleza do que elas merecem. Mas de uma coisa eu sei: o cheiro de terra quente e a pinicada da grama na parte de trás das minhas coxas podem me trazer de volta à sensação de segurança e alegria – real, emprestada ou imaginada – que eu conheci quando estava abrigada sob os ramos acolhedores daquela árvore.

Por causa desta lembrança, faz sentido para mim que Deus teria projetado, antes de soprar existência à humanidade, um jardim de bondade para ser sua morada. Assim como olho para trás com admiração nebulosa, mas curiosa, para aquela nogueira-pecã no quintal da minha avó, da mesma forma considero o Jardim do Éden e seus habitantes.

É aquela névoa, aquela incerteza sobre quem éramos no jardim, e a questão de quem era Eva que andam me assombrando há algum tempo. Tento entender o que sei dela da mesma forma que tento adivinhar a verdade da desconhecida familiaridade que tenho com a nogueira-pecã. Quanto do que sei de Eva é completamente imaginado, presumido ou criado a partir de sentimentos cegos? Claro, eu tenho o livro de Gênesis para me guiar. Isso me dá um vislumbre saudável da primeira mulher e um pouco de sua vida no Éden. Mas, mesmo assim, quanto de minha interpretação é emprestada de um entendimento coletivo cristão de quem ela era? O que eu sei, se é que sei alguma coisa, de Eva que seja real e único para mim? Existe algum instinto no coração da primeira mulher que está impresso no meu DNA espiritual e físico? E se por acaso a maior parte do que eu sei for simplesmente um desejo de conhecê-la mais, uma fantasia feminina de entender essa "Mãe de Todos os Viventes" que éramos todas nós mulheres ao mesmo tempo na criação? Há algo real nisso?

Tenho certeza de que possuo um tipo de instinto do Éden que me atrai de volta para ela, com o desejo de entender o que significa para mim ser mulher depois dela. Cheguei a pensar que todas nós, mulheres, podemos estar imbuídas de uma sensação inata de que, se de alguma forma pudéssemos limpar a névoa das lembranças do Éden e desemaranhar Eva delas para conhecê-la melhor, poderíamos descobrir que nos conhecemos melhor também. Temos Maria como mãe e modelo de feminilidade, e ainda assim, para mim, há um anseio pela primeira mulher, por saber como era ser mulher quando as impressões digitais de Deus ainda estavam frescas em nossa pele e vivíamos nossa existência no Éden, quando nossa carne estava livre da concupiscência do pecado e o mundo inteiro vivia em sua inocência original. Estou curiosa para conhecer a mulher como ela era quando Deus a sonhou.

Se quisermos seguir essa curiosidade, para começar tal desembraçar, precisamos começar em Gênesis, no momento em que o homem e a mulher vieram a existir. Vamos considerar, então, Eva na criação.

Considerando a criação

No relato de Gênesis, Eva é a criação final e mais ansiosamente esperada de Deus. A história da criação começa com o Espírito de Deus atravessando o vazio. Somos inclinados a pensar nisso como o começo de Deus em nosso conhecimento cristão Dele, mas porque reconhecemos que Deus existe fora do tempo e do espaço, e que Deus é imutável e inalterável, sabemos que esse não pode ser o verdadeiro começo de Deus, que sempre foi, sempre é e sempre será. O que sabemos do Deus que sempre existiu é que Ele é bom, Ele é amor, e Ele sempre foi.

Quando consideramos a criação a partir dessa perspectiva, ela assume um novo significado. Tudo o que Deus criou nasceu de Seu amor e de Sua bondade. E toda coisa criada nasce na bondade com o propósito de amar. Todo o mundo criado foi agradável a Deus a esse respeito, tanto que "era bom" se torna o refrão da história da criação.

Deus se move através do vazio e delineia espaços em amplas áreas – céu, mar, terra. Com cada vez mais detalhes, criatividade e encantamento, Ele começa a encher o mundo com Sua bondade. Plantas e árvores e as flores que florescem nelas. Estrelas e constelações, vento e ondas, e as criaturas que povoam o mar. Margaridas e dentes-de-leão, dioneias apanha-moscas e rosas vermelhas. Girinos que se transformam em sapos, estrelas-do-mar, golfinhos e anêmonas que agitam suas cores com as correntes. Então, Ele enche o céu de pássaros que constroem ninhos e põem ovos nessas árvores – pegas e tucanos, águias e pequenos beija-flores esvoaçantes. As abelhas começam a zumbir e os besouros brilham no solo da floresta. Então, Ele acena com a mão sobre a terra e girafas vagam pela savana de um lado, enquanto rebanhos de búfalos cruzam as planícies do outro. Ursos polares brincam no gelo, enquanto pinguins mergulham na água no polo oposto do globo.

E, então, o que eu imagino como um claro crescendo na sinfonia da criação – na qual tanto a ação quanto o sentimento alcançam níveis incomparáveis que nos enlevam e arrastam para fora de nós mesmos para nos perdermos na gloriosa precipitação de tudo – "homem e mulher, Ele os criou, à Sua imagem Ele criou [a nós]".

Embora Deus não repita o refrão "era bom" quando se trata da criação do homem, é claro que é um fato pressuposto, porque Ele afirma que eles foram criados à imagem de Deus, que sabemos que sempre existiu como bondade e amor. É interessante considerar que Deus os criou "à Sua imagem" e "homem e mulher" no capítulo 1 de Gênesis, enquanto a história da criação do homem e da mulher como formas distintas e separadas não aparece até o capítulo 2 de Gênesis.

Essa perspectiva dupla sugere a realidade atemporal de Deus. Fora do tempo, a humanidade em suas formas masculina e feminina, ambas criadas à Sua imagem, foi pensada e planejada. A mulher não surge depois do homem da forma como um pós-escrito é acrescentado ao corpo de uma carta, ou o bis é uma pequena repetição no final de uma performance notável. Não, desde a eternidade, o homem e a mulher foram pensados por Deus e, em um determinado momento, Seu impulso criativo os levou a existir junto com, mas diferente do restante do mundo criado.

Deus cria o homem em um ponto culminante de Sua força criativa e num desejo crescente de relacionamento com Suas criaturas. Tudo o mais na criação simplesmente brota de Sua palavra, surgindo assim que Ele a expressa. O homem, no entanto, é moldado. Deus considera o homem enquanto o fabrica. Ele modela o barro em uma forma humana com as mãos, cobre-a com Seu toque, imprimindo Sua imagem enquanto o faz. Então, Ele dá vida ao homem. Aqui está nossa evidência de que o homem é único em toda a criação. Ele é trazido à vida pelo sopro de Deus. Deus enche o homem com Sua própria vida, exalando-se na humanidade, a fim de que o homem possa viver.

Que diferença distinta da maneira como o restante da criação acontece! Os homens são formados e cheios da vida de Deus e depois recebem domínio sobre o restante da criação. Deus oferece o homem à criação como seu cuidador e a criação ao homem como sua fonte de bem-estar. E Ele se deleita com o fato de o homem carregar Sua imagem e semelhança.

E, contudo – oh, e que "contudo"! –, depois de toda essa progressão do vazio para a criação mais detalhada e imaginativa, depois de dar o sopro da vida ao ser humano e moldá-lo à Sua semelhança, Deus se volta e olha para o mundo criado, e pela única vez em toda a narrativa da criação, Sua resposta é que aquilo não era bom. "Não é bom que o homem esteja só", Ele declara em Gênesis 2,18, e começa a formar uma ajudante para ele.

Pare por um momento e pense no que isso pode significar. Deus olhou para o mundo que Ele criara, cheio de vida, estrelas salpicando os céus, todos os pássaros, insetos, animais e flores em seu estado mais glorioso, os rios, montanhas, vales e mares e o homem – perfeito em seu reflexo à imagem de Deus –, Ele olhou para tudo isso e viu que estava incompleto, que algo ainda estava faltando. Antes que o Senhor do universo pudesse sentar-se e descansar, sabendo que Seu trabalho criativo havia terminado, Ele ansiava mais uma coisa: desejava dar vida à mulher.

No ponto culminante do amor criativo de Deus, chegamos à formação da mulher, que Deus elabora a partir da costela do homem para ser uma ajudante e parceira para ele quando nenhum outro ser criado é suficiente para preencher esse vazio. Em todo o mundo, não existe nada que possa suprir a necessidade da existência da mulher. Então, Deus novamente começa a modelar um ser, desta vez, colocando o homem em um sono profundo, abrindo-o, tirando dele uma costela e moldando-a em mulher.

É interessante que a mulher não seja moldada, mas montada, partindo da força dos ossos, do núcleo vital da medula, e tornando-se, camada por camada, mais suave e completa, cada vez mais à imagem de Deus, enquanto Ele a traz à vida. Ela é formada a partir da costela, o osso destinado a proteger os pulmões do homem, nos quais Deus primeiro soprou sua própria vida. A mulher é dada ao homem e toda a criação como ajudante, protetora da vida de Deus dentro dela, feita para expandir-se para abrigar o crescimento e contrair-se para afastar o que não é vital, forte, mas flexível o suficiente para suportar a pressão da responsabilidade da qual é encarregada.

E quando Deus vê a mulher, o que Ele vê não é simplesmente espírito, mas o seu corpo físico, um reflexo Dele. Em vez de proclamar sua excelência, Ele deixa isso para Adão, que responde por toda a humanidade, enquanto proclama com alegria o nome dela, "Mulher", pronunciado pela primeira vez em gratidão pelo presente que ela é. Pois a mulher é o único aspecto em toda a criação, a doce nota final que Deus dá ao restante do mundo criado como presente. "Aqui", Ele diz, "vejo que está faltando alguma coisa. Aqui está ela. Minha mulher. Agora você é tudo que Eu sempre imaginei que seria".

Na existência física da mulher, o anseio de Deus por um relacionamento com o mundo criado e Seu desejo pelo bem da humanidade são atendidos, e Ele pode então descansar. A mulher se torna presente não apenas para o mundo, mas também para o próprio Deus, que encontra Seu último desejo realizado e repousa em sua satisfação.

Um passeio pelo jardim

Estando o mundo criado completo, não resta mais nada ao homem e à mulher além de viver. Por um momento, pergunto-me sobre a primeira manhã em que Eva acordou e era mulher. Ela sabia instintivamente quem era? Ela entendeu completamente o que aquilo significava, aquele nome dela, "Mãe de todos os viventes"? Ela passou os dedos pelos cabelos e os enrolou num coque, como as mulheres fazem? Ela soube imediatamente o que eram seus pés e que a curva de seu pescoço era adorável em sua suavidade e que seus quadris podiam deliciá-la com seu balanço? Ela sabia para que serviam seus seios, que eles tinham a capacidade de nutrir uma nova vida?

Dentre toda a criação, para o quê a mulher correu primeiro? Ela cheirou uma rosa e só depois descobriu que tinha espinhos? Ela acariciou um gatinho macio e riu quando ele lambeu sua mão ou ficou em silêncio em reverência pelos rios correndo enquanto aprendia o som de sua melodia? O que ela comeu primeiro e como era o sabor da primeira mordida perfeita da primeira comida perfeita? Era uma laranja sumarenta e doce, e ela deixou o suco escorrer pelo queixo e pescoço sem hesitar enquanto sugava a gostosura da suculenta polpa? Ou ela puxou uma cenoura crocante pelo topo verde, lavou-a no rio e partiu-a entre os dentes, encantada com o estalar decidido e a crocância?

Quando Eva se postou diante de Adão pela primeira vez e o deixou olhá-la por inteiro, sabia sem dúvida como sua mente, coração e corpo deveriam responder a ele? A entrega total foi fácil, natural e sem reservas para essa primeira mulher? Ela entendeu a intimidade do amor e o prazer do sexo desde o início? Ela sabia como doar com seu corpo e receber com ele enquanto sua mente e seu coração permaneciam ali no momento também? Como foi o primeiro clímax sexual da mulher?

E como era Deus estar completamente presente para a mulher no jardim? Eva ouvia Sua voz ou não precisava, porque vivia em perfeita comunhão com Ele? Ela entendia inteiramente o amor Dele por ela, e como ela reagia a isso? Ele a instruiu sobre a criação e o que significa ser humano enquanto caminhava com Ele sozinha pelo jardim? Ela compreendia a Santíssima Trindade? Como Eva orava?

Embora eu não conheça as respostas para todas essas perguntas, eis o que acho que podemos saber: Eva no Éden é a mulher em sua perfeição. Deus, mesmo antes de dar existência à humanidade, cria um jardim onde os seres humanos viverão. Ele o preenche com todas as coisas boas de que precisarão. O Éden é a criação em sua perfeição, e Eva é a mulher ideal. A última nota da sinfonia da criação afirma que o homem e sua companheira estavam nus e não tinham vergonha. Nudez sem vergonha. É assim que a mulher deveria viver. Este é o primoroso estado de nossa humanidade – vulnerável, aberto, consciente de nosso corpo e de nós mesmas e da compreensão dos outros. Intimamente livre para ser quem somos diante de Deus. Então, sim, penso que Eva provavelmente soube e entendeu de imediato quem ela era e o que significava ser mulher, física e espiritualmente. Acredito que ela reconhecia a beleza da criação e a desfrutava livre e plenamente. Acho que ela sabia exatamente como amar Adão, e, sim, creio que eles tinham um sexo extraordinariamente prazeroso.

Reflita sobre Eva. Enquanto ela vive em obediência ao único mandamento de Deus para ela, vive em perfeita comunhão com seu Criador. O próprio jardim é o melhor do mundo criado, e Eva vive em perfeita harmonia com a criação. A criatura em perfeita concordância com a vontade do Criador aproveita os frutos de Sua criação sem defeitos. Eva desfruta da mesma harmonia com Adão. Ele também é uma criatura que vive em seu estado ideal com o Criador e Sua criação. O vínculo entre eles é íntegro e reflete perfeitamente o amor consumado de Deus por eles. Nesse estado de comunhão com seu Criador, Sua criação e seu companheiro, Eva alcança a última e bendita dádiva do Éden: a de viver em perfeita harmonia consigo mesma – nua e sem vergonha.

Acredito que este seja o grande desejo de toda mulher, nosso instinto do Éden. Antes de a mulher se tornar as mulheres que refletem Deus de um milhão de maneiras cintilantes como flocos de neve espalhados pelo tempo, havia uma única mulher, e feminilidade significava essa coisa singular – a alma feminina unida ao corpo feminino numa perfeita conjunção que a tornava capaz de intimidade, comunhão, harmonia e autoconsciência sem a dor da vergonha. Ela vivia nua nos dois aspectos do seu eu – sua alma nua diante de seu Deus e seu corpo nu diante do mundo.

Acredito que cada uma de nós, agora singulares em nossa feminilidade de tantas maneiras diferentes quanto o número de mulheres que existem, ainda possui uma qualidade comum – o anseio por essa harmonia. Sentimos profundamente dentro de nós o instinto de vivermos livres da vergonha, nuas e vulneráveis diante de nosso Deus e do mundo. O anseio de nos conhecermos plenamente e de não termos medo de quem e do que somos é um chamado dentro de toda mulher. É o mapa de volta ao Éden impresso em nossa alma e anelado por nossa carne. Desejamos saber o que significava ser mulher quando éramos Eva – ter esse relacionamento com Deus, com o homem, conosco, com a comida, o amor, o sexo e nosso corpo. As bênçãos do Éden nos chamam e passamos a vida, se estivermos buscando a Deus sinceramente, tentando desvendar o que significa ser Eva, viver nua e sem vergonha diante Dele.

Nosso desafio é que a feminilidade não chega para nós da maneira como chegou para Eva. Não nascemos sendo mulheres como ela era, mas nascemos em um devir, um processo que é constante e contínuo em nossa vida. E, nesse devir, nossa mente aprende, nosso coração se expande em sua capacidade de dar e receber amor, e nosso corpo passa por uma metamorfose quase constante. A feminilidade se torna um trabalho sagrado de aprender a ser cada vez mais quem éramos quando éramos Eva. Por mais que brinquemos sobre as mulheres serem um mistério para os homens, acho que a verdade é que somos igualmente um mistério para nós mesmas, um belo e sagrado mistério cuja revelação é ao mesmo tempo bendita e confusa para nós. Talvez isso nos faça invejar Eva, que simplesmente *era* mulher desde o primeiro momento de sua encarnação. Mas essa jornada em busca de quem somos é muito valiosa para nós. E não estamos sem um mapa.

Todas nós trazemos a mesma marca em nosso corpo e nossa alma que tornou possível a Eva viver naquela comunhão harmoniosa do Éden. Nós, como ela, carregamos a imagem do Deus Triuno. Somos impressas com a vida divina e infundidas com a capacidade de amar como o Pai ama. E com esse mapa em mãos, podemos seguir nosso instinto do Éden direto até a essência do que significa ser mulher, o instinto que nos chama a ser quem éramos quando éramos Eva.

À Sua imagem

Um dos meus detalhes favoritos do relato da criação é que Deus se revela como a Santíssima Trindade no momento em que escolhe imprimir Sua imagem na humanidade. Pela única vez no relato, em vez de se referir a Si Mesmo na forma singular, o Senhor declara: "Façamos o ser humano à *nossa* imagem e segundo *nossa* semelhança" (Gn 1,26, grifos da autora).

Há algo misterioso e profundo, mas alegre e divertido também, em imaginar Deus trabalhando em divina conversação entre Pai, Filho e Espírito Santo, com a criação como a centelha do amor compartilhado entre a Santíssima Trindade. Depois, imaginar que, após uma onda de amor criativo, a Santíssima Trindade, três Pessoas Divinas, faz uma pausa para considerar o que Ele ainda deseja, que desejo de Seu coração não foi atendido e proclama dentro de Si, Pai para Filho e Espírito Santo: "Criemos o homem à nossa imagem e semelhança". Ele procede com certeza e precisão, para criar a humanidade, tanto na forma masculina quanto na feminina, para ser Sua imagem na terra e viver em relação com Ele.

Esse movimento de ação divina entre as três pessoas da Santíssima Trindade, o movimento que cria a humanidade e nos imprime a Sua imagem, é um fluxo de vida criacional, encarnacional e relacional. Em seu fluxo, a humanidade é dotada com o mesmo dom da vida divina. Todos somos seres criacionais, encarnacionais e relacionais. A humanidade é a carta de amor da Santíssima Trindade para si mesma, o resultado concreto do amor criativo do Deus Pai, provocando o amor encarnacional do Deus Filho, que libera o amor relacional de Deus Espírito Santo. Essa capacidade está impressa na alma humana e imbui cada pessoa de forma singular com a imagem de Deus.

"Homem e mulher os criou" (Gn 1,27). Seres distintos, criados com partes iguais divinas, mas misturados com uma receita diferente. Isto é, homem e mulher, o masculino e o feminino. Ambos tecidos em seres criacionais, encarnacionais e relacionais, mas refletindo e projetando Sua imagem divina de maneira diferente no mundo. A mulher é um ser único em sua capacidade de espelhar esses três aspectos de Deus no mundo e de volta para Ele de uma forma que agrada e satisfaz a Ele e também ao restante da humanidade. E essas qualidades são o mapa para seguir nosso instinto do Éden de volta à plenitude de nossa feminilidade.

Quando engravidei, tive certeza de que a maternidade me ensinaria o que significava ser mulher. Enquanto minha barriga se arredondava e avolumava e um pequeno ser humano começou a se contorcer dentro de mim, senti-me plena da realidade do que significava ser mulher. Acreditava totalmente em minha força inata e na antiga sabedoria das mulheres para me guiar durante a gravidez no ritual do parto natural que eu tinha certeza que me capacitaria não apenas como mãe, mas como mulher. Eu tinha 23 anos e nenhuma certeza do que esperar exatamente dessa transformação, mas queria acreditar que a gravidez e o parto me esclareceriam se eu me rendesse ao processo por completo e confiasse em meu corpo para fazer o que foi projetado para fazer.

Quando afinal o meu primeiro filho nasceu, eu havia passado incontáveis horas atada a equipamentos de monitoramento e aparelhos de ultrassom. Minha pressão arterial disparou, e havia um exército de médicos especialistas pairando sobre mim, tentando me manter saudável pelo bem da vida que crescia dentro de mim. Em vez da força, do suor e do sangue e do grito de guerreira, dei à luz em meio a uma precipitação de vozes alarmadas e bipes, com os braços amarrados e a parte inferior do meu corpo entorpecida. Meu bebê foi levado às pressas para as luzes brilhantes e incubadoras aquecidas da terapia intensiva neonatal, enquanto eu tremia com os efeitos posteriores da anestesia, e uma médica enfiava a mão inteira pela incisão sobre o meu osso púbico que misteriosamente decidira se abrir.

Eu era mãe, mas nunca me sentira tanto como uma criança em toda a minha vida. Estava com medo, necessitando ser cuidada, o objeto de preocupação de todos. Na minha cabeça, podia aceitar que aquela intervenção fora clinicamente necessária, mas, no meu coração, fiquei amargamente decepcionada por meu corpo não ser dotado da força feminina nem da garra de guerreira que eu sonhara para o meu parto. Meu corpo e meu espírito foram incapazes de chegar a um acordo, e a vergonha empanou a minha transição para a maternidade com a sensação de que, como mulher, eu havia fracassado.

Quando eu levei aquele menininho para casa, tendo apenas onze meses de casada e sendo agora também uma mãe de primeira viagem, esse sentimento de fracasso em me tornar uma mulher de verdade me acompanhou até o nosso lar. Manifestou-se na roupa lavada sendo jogada na secadora pela terceira vez, em vez de dobrada ordenadamente nas gavetas. Pairava à espreita quando a amamentação no peito era difícil e meu bebê chorava incansavelmente durante a noite. Agarrou-se a mim com os quilos que não foram perdidos rapidamente nos meses pós-parto como as pessoas prometeram que aconteceria.

Eu me senti traída pela feminilidade, como se ela fingisse estar ao alcance de todas as mulheres, mas apenas se estabelecesse em algumas favoritas selecionadas. Eu não tinha sido escolhida para o time, assim como a menininha parada na fila sozinha esperando para ser escolhida para o *kickball*. A única experiência que eu tinha certeza que seria o meu rito de passagem para um mundo misterioso de força, beleza e equilíbrio que eu ainda não havia aprendido a dominar por mim mesma e meu corpo não havia dado conta. E "Mãe de Todos os Viventes" parecia distante de quem eu era.

Mas com tempo e graça e não sem algumas lágrimas, uma percepção nasceu em mim. Não era o ato físico de me tornar mãe ou a maneira como dera à luz que me tornava mulher, embora experimentar tais coisas de uma forma mais positiva certamente pudesse ter facilitado esse processo. Mas meu devir, minha crescente compreensão da feminilidade, baseava-se na marca do Deus vivificador em meu corpo encarnado e em sua capacidade de criar, relacionar-se e viver em harmonia. Minha sensação de que eu não havia sido selecionada não se baseava na incapacidade do meu corpo de encaixar a cabeça de um bebê nos ossos pélvicos e facilitar seu nascimento, mas na vergonha que me cegava para o fato de que todos os dias eu estava usando esse mesmo corpo para continuar a criar vida para a minha pequena família e oferecer amor relacional a meu marido e filho. Eu não me via como o que uma mulher deveria ser porque não conseguia enxergar a maneira como meu coração e corpo femininos viviam em harmonia no Éden ali mesmo em meu pequeno lar, entre os meus, da forma que só eu podia fazer. Como a minha noção do que o meu corpo deveria ter feito para dar à luz meu menininho neste mundo era profundamente diferente daquela realidade, caí em uma percepção de mim mesma que me desconectou da verdade de Deus sobre quem eu era como mulher.

A feminilidade chega para nós em nosso desejo de criar, dar e nutrir vida. Para muitas mulheres, o ápice desse desejo é o nascimento real de um filho, no qual nosso corpo reflete tão completamente o amor salvífico de Deus pela humanidade, enquanto engravidamos de esperança e, em seguida, com sangue e dor, trazemos vida ao mundo. Mas o desejo permanece muito mais profundo em nós, e mesmo fora do parto, encontramos a nossa feminilidade na criação e, muitas vezes, nos encontramos mais intimamente conectadas com Deus quando estamos dando à luz algo novo no mundo. E damos à luz vida de muitas maneiras que nada têm a ver com se e como nosso corpo dá à luz fisicamente um filho.

Tornar-se mulher, ao que parece, tem muito mais a ver com a nossa capacidade de sermos criativas da maneira que mais amamos do que qualquer outra coisa. Somos constantemente chamadas a dar e nutrir a vida em nossas respectivas esferas, e isso muitas vezes exige que nos esqueçamos de nós mesmas no processo. No entanto, esquecer-nos é exatamente aquilo que pode nos deixar sentindo "menos do que" uma mulher. Nossa capacidade de nos envolvermos no amor criacional é única, pois, como mulheres, oferecemos nosso corpo e coração para dar vida aos outros, sem deixar de expressarmos plenamente quem somos de maneiras particulares que são unicamente nossas. Aquelas que são professoras ensinam com amor e entusiasmo criativos que são exclusivamente nossos. As que são escritoras escrevem com olhos que enxergam o mundo de uma forma como só nós o vemos e amarram palavras criativamente em torno dessa perspectiva. As mães compartilham o amor maternal com um gostinho especial que só nós possuímos. Professoras, advogadas, empreendedoras, agricultoras, artesãs e qualquer outra coisa que uma mulher se torne na vida e na qual empenhe sua força criativa são, cada uma, um reflexo único de Deus em nosso mundo na forma de carne feminina.

Seja o que for que fazemos nesta terra nasce de quem somos, e todas somos um reflexo singularmente criativo do curioso amor de Deus Pai. Quando lembramos que vivemos à Sua imagem, espelhando esse amor criativo de volta a Ele da forma que somente nós podemos, encontramo-nos aceitando a feminilidade sem vergonha.

A história de Sarah

Estou em guerra com meu corpo desde que me entendo por gente. Fui para o jardim de infância com um sorriso no rosto e coxas que, já naquela época, roçavam uma na outra quando eu caminhava. No fim do ensino fundamental, eu era gorda, com cabelos desgrenhados e crespos, óculos e uma dolorosa consciência de que meu corpo era ruim e errado – decididamente não era como os corpos das outras garotas. Do início da puberdade e a constatação de que meus hormônios estavam irremediavelmente descontrolados, passando por infertilidade e perda de uma gravidez, à incapacidade de amamentar quando finalmente tive um filho e ao diagnóstico de diabetes aos vinte e poucos anos, meu corpo sempre me decepcionou.

E o corpo, cresci aprendendo, não era confiável. Nem o corpo de minha mãe, que finalmente nos traiu a ambas quando ela tinha apenas 32 anos – deixando-me órfã. Nem o do meu pai – a fraqueza e a fragilidade de sua carne levando-o repetidas vezes a recorrer às drogas que amorteciam sua dor e destruíram a sua vida. Eu aprendi que o corpo só levaria à mágoa no fim das contas.

Quando finalmente outra gravidez veio a termo e tive meu primeiro bebê, meu corpo, longe de ser um templo para o Espírito de Deus habitar, era uma fonte frustrante de decepção e vergonha, um lembrete constante de tudo o que me faltava.

As Escrituras são repletas de imagens que reforçam a sacralidade de nosso corpo, a começar pelo início. "E eis que era muito bom." Certamente, isso não poderia se referir a mim, em todo o meu embaraçoso tamanho, carnosidade e concretude. Certamente, esse corpo que nos trai não poderia ser o ápice do que Deus – que imaginou as galáxias e encheu os oceanos, e é a própria força que mantém o universo unido – chamou de bom. O que significa o termo "bom" se ele se aplica a esta carne que eu arrasto pela vida, um fardo que carrego e que me atormenta sem cessar?

Mas minhas filhas estão me ajudando a encontrar Eva e a entender esse "bom": minha primogênita e depois sua irmã, em sua tenra puerícia e feminilidade, como vieram a este mundo, nuas e sem vergonha. Vejo a alegria que elas sentem em seus corpos, descobrindo como eles podem tocar e ser tocados pelo mundo criado. Minhas filhas amam suas pernas fortes e sobrancelhas cheias e sorriem de alegria ao se verem. A inocência e o amor em seus olhos, sua consciência tácita de seus corpos "muito bons" me desarmaram. Encontrar o "bom" de Eva nelas me levou a olhar para dentro, a procurar por algum resquício de Eva dentro de mim também.

Para meu absoluto choque, eu a encontro: quando encho um jarro com flores frescas e aspiro seu cheiro puro, como ela fez no jardim – momentos em que minha mente, alma e corpo estão em harmonia e sei que todos estão presentes e todos são amados. Encontrei Eva primeiro em minhas filhas e agora a encontrei em mim mesma, naqueles momentos em que trato meu corpo como alguém que eu amo e alguém que corresponde a esse amor.

Avancemos! Continuemos subindo!

Leia os capítulos 1 e 2 de Gênesis detidamente. Que elementos da história da criação se destacam para você? O que você está vendo pela primeira vez? O que você está vendo de uma nova maneira?

Você já se perguntou sobre Eva e quem ela era? Quais questionamentos levantados no capítulo chamaram a sua atenção? Quais questionamentos a respeito dela você levantaria que não foram feitos aqui?

O que significa para você ser criada à imagem e semelhança do Deus Triuno? Como você acha que sua identidade distintamente feminina afeta isso? Como seu corpo feminino é um reflexo dessa verdade?

Como você reflete o amor criacional e relacional da Santíssima Trindade em sua vida? De que maneira seu corpo físico está envolvido na expressão desse amor?

2 Embarcando na mentira

Vergonha e a desintegração da feminilidade

"A mulher notou que era tentador comer da árvore, pois era atraente aos olhos e desejável para se alcançar inteligência. Colheu o fruto, comeu e deu também ao marido, que estava junto, e ele comeu."

(Gn 3,6)

"Então os olhos dos dois se abriram; e, vendo que estavam nus *, teceram para si tangas com folhas de figueira."

(Gn 3,7)

"Para a mulher ele disse: 'Multiplicarei os sofrimentos de tua gravidez. Entre dores darás à luz os filhos. A paixão te arrastará para o teu marido, e ele te dominará'."

(Gn 3,16)

Não lembro exatamente quantos anos eu tinha quando quase me afoguei. A primavera mal havia chegado no sul, mas, como era típico, já estava quente o suficiente para um piquenique em família em uma área de acampamento e um mergulho na piscina. Nós nos apertamos em nosso carro, seguidos pelo veículo de amigos da família, e pegamos o trajeto de uma hora para a floresta de pinheiros, churrasqueiras ao ar livre e a maior piscina que eu já tinha visto. Eu ansiava por aquela piscina com tamanho entusiasmo infantil que, assim que nosso carro parou no estacionamento, corri em direção a ela sem olhar para as mães ocupadas em descarregar as tralhas do carro. Sem hesitar por um momento, pulei direto naquele grande frescor azul – e, imediatamente, afundei.

Não sei quanto tempo levei para perceber que os meus pés não chegariam ao fundo para impulsionar minha cabeça de volta à superfície da água onde eu conseguiria respirar. Ou para sentir o pânico apertar minha garganta quando me ocorreu que eu era notoriamente uma péssima nadadora. O que eu me recordo claramente foi o momento em que a água fez sua obra salvífica e sustentou o meu peso por tempo suficiente para que o meu engasgar, ofegar e debater fossem notados pela outra mãe que nos acompanhava na viagem.

Boiei por tempo suficiente para vê-la largar tudo o que estava carregando e correr em direção à piscina, e quando afundei novamente, sabia que ela estava vindo para me resgatar. E, em vez de me sentir aliviada, pela primeira vez que me recordo na minha vida, morri de vergonha por precisar ser resgatada.

É assim mesmo, não é? Como o pecado e a desobediência nos arruínam. Rebelamo-nos contra a nossa dependência de Deus e decidimos sair por aí num rompante agindo por conta própria e tentar do nosso jeito, e, então, estamos nos afogando e precisando ser resgatados. Dependendo mais uma vez do nosso Criador – desta vez, de Sua misericórdia para nos acudir onde caímos e nos trazer de volta para o ar do Seu amor vivificante onde conseguimos respirar. Toda vez que desobedecemos a Deus e pecamos, encontramo-nos de volta ao lugar que tentamos deixar, a total dependência Dele para nos manter em comunhão com Ele – para nos manter espiritualmente vivos.

Passei grande parte da minha vida incomodada com o fato de que foi Eva quem primeiro apanhou a maçã. Parecia um fardo injusto pesando sobre as mulheres ao longo da história que o pecado houvesse entrado no mundo por meio de nós. Mas a verdade é que Adão e Eva foram igualmente culpados por sua desobediência a Deus no jardim e, desde então, homens e mulheres viveram de formas igualmente concupiscentes, com corpos e almas cujas paixões devem ser domadas pela força de vontade a fim de estarem em plena conformidade com a obediência a Deus.

Mas também é verdade que satanás desempenhou um papel no primeiro pecado e o faz ainda hoje. Sua astúcia e esperteza foram as iscas que fizeram Eva e Adão desobedecerem a Deus. Não foi Eva a tentação que levou Adão a pecar, como às vezes acreditamos equivocadamente; foi satanás. O que vemos na história da queda é que satanás sabe que a nossa capacidade de pecar reside em nossa prerrogativa, sobrelevante ao nosso amor por Deus, de escolhermos livremente os nossos desejos e dúvidas. E os desejos e dúvidas aos quais estamos mais propensos a nos entregar são particulares para homens e mulheres. Eva foi seduzida a pecar pela mentira de que o que ela tinha e quem ela era conforme Deus a fizera não era suficiente, e pelo desejo de ter e ser mais. Foi a promessa de satanás de que a maçã a tornaria mais que empurrou Eva em uma espiral de desejo que nublou seu instinto do Éden e a deixou sucumbir ao pecado. Adão, por outro lado, ao reagir à oferta da maçã por Eva, não é levado ao pecado por *ela*, mas por sua própria grande dúvida e desejo, isto é, se é suficiente ser dominante em toda a criação e ainda depender de Deus, ou se o seu desejo de dominação total sem dependência é a verdadeira vitória. Ao aceitar a maçã de Eva, Adão permite que seu instinto do Éden seja ofuscado por seu desejo de objetificar a criação e sua companheira humana para que ele sozinho possa governá-las.

Com a queda, ficamos com a questão do que agora significa ser humano. E em nosso corpo feminino, nós, mulheres, ficamos imaginando o que agora significa feminilidade. Qual é a realidade da vida fora do Éden para nós? O que significa buscar a santidade dentro da carne marcada tanto pela imagem de Deus quanto pela possibilidade do pecado? E como nosso instinto do Éden está maculado pela guerra entre as nossas paixões e a nossa força de vontade?

Talvez prefiramos não examinar tão minuciosamente a queda, reconhecermos a nós mesmas na feia realidade da desobediência, mas, se quisermos fazer uma jornada em direção ao entendimento completo de nossas individualidades humana e corporal, um olhar mais atento faz-se realmente necessário, enfrentando corajosa e francamente quem nos tornamos quando pecamos.

Considerando a queda

O que sabemos definitivamente da vida no Éden após a criação foi que Adão e Eva viviam nus e sem vergonha – na total liberdade de sua inocência original; que eles desfrutavam de sua humanidade em seu estado perfeito, vivendo em comunhão com Deus, Sua criação, e um com o outro, consequentemente. Esse era o plano de Deus para Adão e Eva, gozar uma eternidade na qual eles respondiam livremente ao amor que Ele lhes dava, vivendo em um relacionamento íntimo. Dando e recebendo em completa entrega de si mesmos, a humanidade se tornando um espelho do relacionamento Trinitário, e Adão e Eva compartilhavam uma intimidade nupcial que refletia na forma física a comunhão de amor que a humanidade desfrutava com Deus.

Foi precisamente a liberdade de dar e receber amor com seus corpos físicos, no sentido mais tangível da palavra, que fez de Adão e Eva imagens de Deus no mundo. Antes da existência deles, o verbo não possuía imagem visível que pudesse elevar a imaginação ao mistério divino de um Deus que ama livremente. João Paulo II disse sobre os corpos humanos de Adão e Eva que somente eles são "capazes de tornar visível o que é invisível: o espiritual e o divino".[2]

E como o aspecto principal do relacionamento de Deus com a humanidade é que Ele nos deu Seu amor ao nos criar à Sua imagem e semelhança, é necessário que os seres humanos retribuam o amor de Deus e acolham a intimidade com Ele em total liberdade também. O homem deve ter livre-arbítrio para escolher amar a Deus e assentir em obediência a Deus a fim de ser um sinal físico da realidade divina do amor de Deus.

Certamente, houve momentos em que me senti oprimida por ter que escolher entre o fardo do meu próprio pecado ou concordar com a vontade de Deus. Quando parece tão difícil nascer do amor e da misericórdia, sobrevém a vontade de não possuir livre-arbítrio. Às vezes, seria muito mais fácil não ter escolha a não ser fazer o que Deus pede de nós. Mas a verdade é que a nossa faculdade de escolher o bem e torná-lo presente aqui na terra de forma tangível é o que confere devoção religiosa à nossa humanidade. O amor, a dependência e a confiança, e a comunhão íntima que deles resulta são nossos, se os escolhermos livremente. Não podem ser lançados sobre nós contra a nossa vontade, porque aí já não seriam nenhuma dessas coisas – tornar-se-iam reação instintiva e reflexiva ao invés de relacionamento consciente. Nossa capacidade de escolher amar a Deus em retribuição à maneira como Ele nos amou é a própria essência da existência humana. E é somente em nosso corpo físico que a alma pode suplantar nossos desejos e paixões por outras coisas e escolher primeiro a Deus, que existimos plenamente como a *imago dei*, "a imagem de Deus".

---

2 SCHU e WEIGEL, p.81.

A capacidade de escolher o oposto dessa disposição benévola e total intimidade com Deus é parte necessária da nossa realidade humana. Até a queda no jardim, nossos olhos estavam vendados para todas as consequências dessa escolha, mas agora vivemos no mundo fora do Éden, onde as nossas consciências desvendadas estão sujeitas à persistência dos nossos desejos, e estamos sempre conscientes das consequências da nossa desobediência.

Na perda de nossa inocência original, foi-se com ela o privilégio de vivermos nuas e sem vergonha. Nosso corpo deve agora buscar a santidade em vez de simplesmente deleitar-se em si. E estamos eternamente em uma jornada para retirarmos a folha de figueira da vergonha e sairmos dos arbustos onde nos escondemos de Deus, para postar-nos diante Dele com corações arrependidos e esperarmos que Sua misericórdia nos salve.

Você consegue imaginar por um momento como foi para Eva perceber o que havia feito depois de ter mordido a maçã? Como foi seus olhos serem abertos para o seu pecado e ela sentir as faces ruborizadas de vergonha pela primeira vez? Que desgosto não deve ter experimentado ao constatar sua própria capacidade de viver fora da vontade de Deus e sentir sua vida edênica desaparecer tão rapidamente. Será que ela engasgou com o gosto amargo de sua própria dor? Seu estômago se revirou de ansiedade quando ela desviou o rosto para longe daquela maçã, a prova de seu pecado? Seus olhos fulminaram de raiva a satisfeita serpente, que certamente sibilou seu prazer em resposta a ela, quando Eva começou a chorar pela primeira vez?

Oh, preciosa mulher, como choramos com você, suas irmãs pecadoras que conhecem muito bem essa dor. Nós conhecemos, também, a tolice inexplicável de querer o que sabemos que não precisamos e como a nossa mente pode se nublar de desejo até ficar em dúvida sobre o que Deus realmente disse. Eu costumava olhar para Eva com certo ressentimento, culpando-a pela minha própria depravação. Mas quando sou honesta a respeito das minhas tentações e com que facilidade elas me convencem de que eu sei melhor do que Deus o que estou fazendo, só posso contemplar Eva com compaixão e sofrer com ela a dor de conhecer a vergonha da desobediência. Toda vez que me escapa a palavra que eu sei que deveria calar, toda vez que digo sim quando sei que deveria dizer não, toda vez que encontro prazer nas coisas que Deus claramente me disse que não são para mim, entendo o impulso de Eva e também tenho vontade de correr para o lugar mais próximo para me esconder de Deus, o flagelo da vergonha tornando-me incapaz de suportar a intimidade com Ele.

Mas há esperança para nós. Embora a vergonha nunca tenha sido a intenção de Deus para nós e sempre a sintamos como dor, também é um sinal de que nos lembramos do Éden, de que possuímos um tipo especial de instinto do Éden. Porque a vergonha é o lugar em que sabemos que o pecado nos desconectou de Deus e da vida de graça que vivíamos no jardim, e que também é preenchido com o anseio de retornar àquela inocência original e intimidade, mesmo quando nos escondemos de Deus.

Gênesis 3 nos diz que quando Adão e Eva comeram a maçã "seus olhos foram abertos" e eles reconheceram sua própria nudez. Em vários momentos nos Evangelhos, Jesus fala sobre viver com os olhos abertos, ou com "olhos de ver" como uma postura espiritual positiva (Mc 8; Lc 10; Jo 9), mas, neste contexto do Éden, o "ver" se refere ao desvendar de nossas paixões e a destruição de nossa inocência original. Antes desse momento, Adão e Eva viviam completamente à vontade consigo próprios e seus corpos físicos, e em comunhão com Deus e Sua criação. O primeiro pecado abre os seus olhos para a dor da vergonha e liberta as tentações do desejo em suas almas.

Nunca mais nós, seres humanos, seremos capazes de confiar em nossa "carne" da forma como eles o faziam no Éden.

E, no entanto, quando analisamos mais de perto a reação de Deus ao primeiro homem e à primeira mulher depois que pecaram, o que encontramos é um Deus que, embora seja compelido a fazer justiça, também é movido pela compaixão. A verdade é que, embora a vergonha resulte de nossos pecados, ela é também a força que nos obriga a lutar para sermos resgatados, assim como as minhas jovens pernas mantiveram-me impulsionando para cima e para fora da água instintivamente até que alguém pudesse me salvar de mim mesma. Embora *nós* sintamos que o pecado nos leva a nos esconder de Deus e desviar o rosto para longe Dele, *Ele* está lá ansiando para nos tirar de onde nos escondemos e nos trazer de volta a Ele. O Salmo 18 nos diz que é precisamente o prazer inicial de Deus em nós que O leva a nos libertar quando estamos perdendo a batalha contra o nosso inimigo: "Ele me trouxe para um lugar aberto; libertou-me, porque me ama" (Sl 18,20).

Portanto, mesmo no estado em que nos encontramos agora como mulheres, oscilando entre a verdade de sermos feitas à imagem e semelhança de nosso bom Deus e a vergonha de vivermos em um mundo de concupiscência, podemos usar as duas extremidades do espectro para entrar em sintonia com o nosso instinto do Éden. O primeiro pecado destruiu a harmonia a quatro vozes da inocência original de Eva, mas não destruiu o nosso anseio por ela, a nossa esperança dela, ou o nosso instinto de procurar o caminho de volta para ela.

Escondendo-se no Éden

A primeira pergunta de satanás a Eva é "É verdade que Deus disse...?" (Gn 3,1) e, em algumas traduções bíblicas, "É verdade *mesmo* que Deus disse...?" A primeira frase do mesmo versículo a chama (a serpente) de "a mais astuta de todas as criaturas". Então, ela levou Eva a fazer exatamente o quê, ao ludibriá-la? A realidade é que, fosse uma defesa de Deus ou uma negação a Deus, tudo o que satanás realmente precisava de Eva era uma resposta. A partir do momento em que ela volta sua atenção para ele e tenta responder à sua pergunta, Eva se envolve com sua natureza traiçoeira, e ele sabe exatamente para onde ir a seguir.

Então, enquanto Eva responde a ele diretamente com a simples verdade do que Deus lhes dissera, satanás começa a deturpar a verdade e provocar as dúvidas e desejos do coração de Eva que eventualmente a farão se afastar de Deus e se voltar para o pecado.

O que Eva estava pensando e sentindo naquele dia em particular no jardim que a tornava suscetível a dar atenção à serpente? Estivera vagando sozinha o dia todo e sentindo o peso de sua solidão? Estivera ela provando das outras frutas do jardim enquanto olhava para aquela árvore proibida e se perguntava como sua doçura era diferente das outras? Ela saiu para procurar por Deus e ficou entediada, distraída ou confusa e, assim, voltou-se para a primeira companhia que encontrou? Ela primeiro se arrepiou com o silvo da voz astuta da serpente e depois respondeu, ou ela sequer considerou ficar em alerta contra ela? Qual foi o ponto crucial em que o livre-arbítrio de Eva a conduziu para longe de Deus em vez de na direção d'Ele? De onde surgiu inicialmente o tumulto de suas paixões?

As palavras seguintes de satanás para Eva são uma oferta para ela assentir com a vontade de Deus ou impor sua própria vontade no jardim pela primeira vez. "De modo algum morrereis. Pelo contrário, Deus sabe que, no dia em que dele comerdes, vossos olhos se abrirão e sereis como deuses, conhecedores do bem e do mal" (Gn 3,4-5). E é aqui que a natureza astuta de satanás é revelada: Eva não precisa de nada fora de si mesma para ser como Deus. Ela já é como Deus, feita à

Sua imagem e semelhança. E, no entanto, satanás a convence, como faz com o restante de nós tantas vezes, de que ela não é suficiente tal como ela é. Ela não é suficiente para Deus, ela não é suficiente como Deus, e há mais que ela poderia e deveria ser.

Quantas vezes escutamos o mundo ao nosso redor sibilando a mesma insinuação em nossos ouvidos? Constantemente, ao que parece. Eu sei que ouço o sibilo dessa mentira muitas vezes em meus próprios ouvidos. Posso não ter certeza do que foi que deixou Eva particularmente suscetível à voz de satanás naquele dia no Éden, mas conheço as coisas que me deixam com o tom de dúvida que abre a porta para ele: a pia cheia de louça suja deixada durante a noite, a postura contestadora que assumi diante do meu marido, as palavras duras dirigidas a uma criança de forma injustificada, o ressentimento que sinto pelo meu dever de servir aos outros, a distração da oração e a minha vida espiritual que deixa a desejar. Nenhuma dessas coisas por si só é uma ameaça completa à vida de graça que sou chamada a levar, mas todas são ensejo para que satanás possa se enroscar em um canto da minha mente e começar a me soprar: "É verdade mesmo que Deus disse...? De modo algum morrereis (...) sereis como deuses". Esses questionamentos afligem o meu coração, e a dúvida se sou realmente suficiente como Deus da forma como sou se manifesta e, com ela, o desejo de ser mais do que eu deveria ser, o desejo que me leva a me ater à minha própria vontade em vez de assentir com a de Deus.

Enquanto o restante da cena da queda se desenrola no Jardim do Éden, a vida de Eva fora do Éden começa logo depois que ela regressa para a Árvore do Conhecimento, e pela primeira vez desde que Deus a trouxe à existência, ela olha para algo com os olhos do desejo e não com o coração da inocência e obediência. Sua vida no Éden não se encerra com ela saindo fisicamente do jardim; encerra-se no momento em que seu coração opta por se deleitar com algo que não Deus: "A mulher notou que era tentador comer da árvore, pois era atraente aos olhos e desejável para se alcançar inteligência" (Gn 3,6).

O que estava diferente quando Eva se virou para olhar para a árvore naquele momento? Havia um cheiro doce no ar ou um certo brilho na maçã que pendia mais baixo que atraiu seus olhos e atiçou o seu desejo? Ela estava particularmente faminta? Não se alimentara bem naquele dia ou não andara sozinha com Deus no jardim pela manhã? Ela protelou o momento dessa transição? Sentiu a mudança em sua alma com ansiedade e anseio a um só tempo? Você já parou para pensar sobre isso, o momento em que a primeira mulher viu o mundo pela primeira vez fora da visão de Deus e mergulhou de cabeça no primeiro pecado?

Eva pega a maçã e morde-a depois de afundar na seguinte espiral de pensamentos: ver a excelência da árvore, desejar sua excelência, e esse desejo se tornar o desejo de ser sábia, mais sábia até do que Deus. Ela abre seu coração lentamente para suas paixões, o desejo se desdobrando dentro dela, até ela chegar ao cerne de todo desejo, aquilo de que todas nós nos convencemos quando pecamos, que o que queremos é realmente muito bom, e podemos saber melhor do que Deus.

Será que a mão de Eva tremeu quando ela puxou a maçã da árvore? Ou ela a agarrou avidamente, cobiçosamente, agindo enquanto ainda estava convencida de que estava certa e tinha a coragem de fazê-lo? E qual foi o sabor da primeira mordida? Foi amargamente decepcionante, a maçã carnuda e macia e não muito doce? Ou será que a sensação foi boa e tentadora por apenas um momento, como se ela tivesse experimentado exatamente o que esperava? Ela deu a maçã a Adão porque era emocionante e estava estimulada com a energia da rebeldia pela primeira vez, ou porque já estava tomada pelo sentimento de culpa em seu coração e determinada a não senti-lo sozinha?

O que podemos saber com certeza é que a vida fora do Éden, que começa neste ponto, é repleta de questionamentos, confusão e ansiedade que Eva nunca experimentara quando caminhava na obediência da vida no jardim. As consequências vêm em uma rápida cascata para Adão e Eva: a vergonha de sua nudez, cobrirem a si mesmos, falsidade na conversa com Deus, tensão no relacionamento um com o outro, identificar satanás como o inimigo e, então, a justiça de Deus. Eva, a mãe de todos os viventes, de repente conhecerá a força criativa e vivificante dentro dela apenas na dor. Ela entrará em trabalho de parto para dar à luz uma nova vida, e a intimidade entre homem e mulher será maculada pelo desejo, manipulação e luta pelo controle e poder. Eva, que foi criada para gerar e dar à luz vida e viver em intimidade consumada, agora somos todas nós, que sempre tentamos encontrar o caminho entre os dois mundos em guerra em nosso íntimo, aquele em que nossos instintos de sermos geradoras de vida são puros e acolhidos livremente e aquele em que nosso desejo os ofusca com egoísmo e luxúria.

Nossa desintegração

Naquele doloroso momento, quando Eva olha para o próprio corpo e o vê como ruim, a carne se torna, pela primeira vez na história da humanidade, o objeto da vergonha de uma mulher, algo além dela, separado de quem ela foi criada para ser, algo que arrisca a sua integridade em vez de abrigá-la. Algo a ser coberto e oculto em vez de apreciado e entregue livremente na segurança do amor e da inocente intimidade.

Antes mesmo de Deus chamá-la para fora de onde estava se escondendo e confrontá-la sobre o seu pecado, Eva está vivendo as consequências disso, a desintegração de sua personalidade. Deus criou Eva propositadamente, colocando camada sobre camada de carne em seu corpo sobre a força dos ossos, dando-lhe a vida da vida Dele, e tornando-a a mãe de todos os viventes para o bem da humanidade. Corpo e alma, Deus moldou Eva à Sua imagem como doadora de vida e espelho de Sua virtude, destinada a amar intimamente e florescer com um propósito criativo que daria origem à beleza no mundo, preenchendo-a com "o gênio feminino" que São João Paulo II em *Mulierus Dignitatem* definiu como receptividade, generosidade, sensibilidade e maternidade.

A consequência do pecado é literalmente a desintegração de Eva como pessoa. Ela se torna "o oposto" (*des*) de "tornado completo" ou "tornado integral" (*integrar*), ou de ser, literalmente, "intocada" pelo pecado. Ela agora é tocada pelo pecado, e a plenitude de que desfrutava no Éden começa a desmoronar. No momento em que olhou para aquela macieira e a viu com os olhos do desejo, em vez dos olhos da obediência, ela perdeu a perfeita harmonia com a criação de Deus na qual havia vivido até aquele momento. E quando ela se vira e entrega o pecado a Adão na forma daquela maçã e ele a recebe prontamente e a leva para dentro do próprio corpo, a perfeita harmonia que Eva desfrutava em seu relacionamento humano também é desfeita.

Com o ato do pecado consumado, o livro do Gênesis nos diz que os olhos de Adão e Eva estão abertos e eles percebem sua nudez pela primeira vez. Eles reagem usando folhas de figueira como tangas. A vergonha desintegra Eva, destruindo sua harmonia consigo mesma, rompendo a integração de seu corpo e alma, separando sua consciência física e espiritual e colocando os três aspectos de seu espírito – intelecto, vontade e paixões – em confronto uns com os outros pela primeira vez. A folha de figueira é a primeira experiência de vergonha de Eva sobre quem ela é. Marca sua feminilidade em seu lugar mais íntimo e vulnerável como não confiável e sua completa vulnerabilidade, a revelação completa de quem ela realmente é, como inaceitável.

É essa vergonha que faz Eva se esconder do Deus que sabe que ela não é mais como Ele a fez – sem vergonha, voluntariamente dependente Dele e receptiva a essa dependência. Mas quando Deus sai à procura de Adão e Eva, também obtemos o primeiro vislumbre de esperança na história do nascimento do pecado, que de outra forma seria difícil de aceitar. Deus certamente já sabia exatamente o que havia acontecido e onde Adão e Eva estavam, mas Ele sai procurando por eles, chamando-os de volta para Si imediatamente. Ele não os deixa escondidos em seus pecados e vergonha por muito tempo antes de ir atrás deles, lembrando-os de quem Ele é e quem eles são Nele, criaturas destinadas a viver em comunhão com o seu Criador.

O último e comovente testemunho da desintegração de Eva ocorre em sua resposta à busca do Senhor por ela. Eva, criada e projetada para viver em perfeita comunhão com seu Deus, responde a Ele com uma desculpa, buscando eximir-se da responsabilidade por seu ato: "A serpente me enganou", uma resposta permeada de falsidade, uma tentativa de encobrir sua própria culpa. Ela dissimula diante de Deus, e a verdadeira morte causada pelo pecado se torna imediatamente aparente para nós.

Não, a maçã não trouxe morte física para Eva, assim como a serpente disse que não o faria. Mas foi o fim de sua vida em perfeita harmonia com seu Deus e seu criador, a morte da integridade de Eva como mulher, uma queda em uma nova forma de personalidade que marca para sempre a mulher. A declaração de Deus a Eva sobre a consequência permanente de seu pecado é a confirmação dessa morte e desintegração: "Multiplicarei os sofrimentos de tua gravidez.* Entre dores darás à luz os filhos. A paixão te arrastará para o teu marido, e ele te dominará" (Gn 3,16). A harmonia a quatro vozes da existência de Eva no Éden é posta em desacordo com a consequência em quatro partes de seu eu agora concupiscente; em vez de viver em perfeita harmonia com Deus, Sua criação, ela mesma e os outros, ela agora vive com vergonha de si mesma, dor na ação da procriação, discórdia em seus relacionamentos humanos e distância de Deus.

Deus criou Eva para viver na plenitude de seu instinto do Éden, que é uma vida de perfeito assentimento à Sua vontade e a completa intimidade do amor consumado com Ele. Consumação é a união de duas coisas em sua forma mais elevada. O estado instintivo da mulher é completa e total confiança na vontade de Deus para ela e a intimidade receptiva com Ele. Em nosso estado humano agora marcado pelo pecado original, encontramo-nos como Eva na queda, afirmando nossas próprias vontades quando deveríamos concordar com as de Deus, e consumindo algo que não Deus quando deveríamos nos oferecer a Ele em amor consumado.

Todas nós agora corremos o risco de acreditar na mentira de que não somos o suficiente como Deus como somos e que outra coisa que não Deus nos dará o que precisamos para nos sentirmos completas e livres. Mas também vivemos sempre compelidas a Deus pelos nossos instintos do Éden, lembrando quem éramos quando vivíamos nuas e sem vergonha. Por isso, estamos sempre lutando para sair do esconderijo e ficar diante de nosso Deus quando Ele vem atrás de nós, procurando por nós mesmo em nosso pecado e vergonha.

Por muitos anos depois daquele incidente do quase afogamento, vivi aterrorizada e tomada de vergonha diante da ideia de precisar ser resgatada. Isso alimentou um perfeccionismo e um vício em competência em minha vida que tornaram a vulnerabilidade e a intimidade com Deus e outras pessoas sempre difíceis. Embora minha trajetória tenha me levado a confiar ainda mais e me render a Deus, essas tendências ainda são uma batalha contínua em minha vida. No ano passado, elas me dominaram a ponto de meu corpo doer com o peso delas, e eu cheguei a um estado de completa exaustão física e emocional.

Naquela época da minha vida, Deus me enviou uma nova amiga e mentora que ofereceu orientação e amor maternal ao meu coração cansado e oprimido. Pela primeira vez em muito tempo, fui completamente sincera com alguém sobre como eu estava arrasada. Contive a vergonha de precisar ser resgatada e o desejo de me esconder da minha incompetência, e me expus diante dela, nua e nem um pouco aterrorizada. O que sua resposta ao meu estado vulnerável me ensinou sobre Deus foi que a única opção além de nos deixarmos ser resgatados é a morte, mas a vergonha não nos matará se deixarmos que a misericórdia nos salve. Na verdade, a vergonha é nosso lembrete de que o Éden era real, e pode ser a nossa esperança se a deixarmos ser, porque revela que desejamos viver novamente no perfeito consentimento e no consumado amor pelo qual fomos criados, e que algo está errado com a vida fora desse amor.

Depois de expressar as consequências do pecado para Adão e Eva, a compaixão e a misericórdia de Deus começam imediatamente a fluir em direção a eles. As Escrituras nos contam: "E o SENHOR Deus fez para Adão e sua mulher túnicas de pele e os vestiu" (Gn 3,21). Sabendo que a nova natureza de Adão e Eva faz com que a nudez não seja mais segura para eles, nem física nem espiritualmente, ele os veste com roupas de proteção. Ele tira as folhas de figueira de sua vergonha, que não lhes fará nenhum bem físico ou espiritual no mundo onde eles devem agora viver, e os cobre em modéstia e misericórdia. Embora essas roupas não substituam o que foi perdido na queda e o coração humano sempre anseie pela segurança e a vulnerabilidade da nudez total, a misericórdia de Deus nos cobre enquanto aguardamos nossa salvação.

É um lembrete de que não precisamos ter medo do nosso instinto de lutar para sermos resgatados, de que não precisamos nos esconder de vergonha quando pulamos onde não deveríamos e não conseguimos nos sustentar sozinhos. Podemos deixar de nos esconder e ficar diante de nosso Criador e confiar que, embora ainda carreguemos as marcas de nossa concupiscência e as consequências de nosso pecado, Sua misericórdia se derrama sobre nós e nos cobre. Ele sempre voltará para nos resgatar, porque Ele é o Deus que se deleitou em nós no momento da criação, quando depositou complexidade sobre complexidade em um único osso e nos deu nosso ser e existência, e o Deus que ainda se deleita em nós, mesmo quando aprendemos a caminhar fora do Éden.

A história de Sharon

Quando me sentei do lado de fora do escritório do meu padre, cerca de quinze anos atrás, fora procurá-lo não para me confessar, mas para discutir com ele sobre por que a igreja estava errada em seus ensinamentos. Eu não sabia que a vergonha do meu passado era o que estava me levando a lutar contra o que eu sabia no fundo do meu coração ser o certo. Num momento, queria provar o meu ponto de vista, argumentando na minha cabeça que a redução seletiva dos quádruplos que concebi para gêmeos não era uma forma de aborto; então, no momento seguinte, queria correr e me esconder.

Desde então, aprendi a reconhecer a vergonha e seus efeitos sobre como eu me enxergo. Vergonha e culpa são coisas diferentes. A culpa nos lembra que fizemos algo errado. A vergonha nos diz que algo está errado conosco. O mundo e eu vemos uma utilidade na culpa. Foi a culpa que me levou a conversar com aquele sacerdote, a marcar aquele horário com ele, ainda que eu negasse que fosse esse o motivo.

Por causa da minha vergonha, eu não sabia que o perdão de Deus estava me aguardando atrás da porta do escritório do sacerdote. Meus planos e argumentos não eram páreo para o abraço amoroso de Deus por meio das amáveis palavras daquele sacerdote. Naquele dia, em vez de me esconder de Deus e me cobrir com folhas de figueira, contei a verdade nua e crua sobre quem eu sou, o que havia feito, e minha crença de que ninguém poderia realmente me amar.

Eu não só havia me distanciado devido aos pecados da minha vida, como afastara Deus após a morte de um dos meus gêmeos devido à síndrome da morte súbita infantil. Eu achava que o Deus no qual não acreditava estava me punindo. O pecado pode fazer isso, distorcer a sua mente e levá-la a distanciar-se da verdade, de Deus, do amor.

Enquanto eu me acomodava no luto pela morte do meu filho e na vergonha secreta pela morte dos meus bebês ainda não nascidos enquanto cuidava da minha filha recém-nascida, continuei a me alimentar da mentira de que não podia ser amada. As cicatrizes do pecado quase acabaram com o meu casamento. A bênção de outro filho e o trabalho cotidiano contínuo de criar as crianças nos manteve unidos, mas vivíamos uma vida fora do Éden.

No momento em que entrei no escritório daquele padre, algo mudou em meu coração e, por meio do desnudamento da minha alma enquanto eu fazia a minha confissão, admitindo a verdade de mim mesma a Deus, a minha vergonha foi extravasada e experimentei uma graça santificante. Eu já não estava mais mentindo para mim mesma ou para Deus. Conversei com Ele e expus a minha própria verdade nua e crua a Ele. E eu instantaneamente descobri o amor de Deus por mim! Deus me perdoou. Deus me conhecia e me amava assim mesmo. E minha vida mudou para sempre.

Avancemos! Continuemos subindo!

Leia o Capítulo 3 de Gênesis detidamente. Que elementos da história da queda se destacam para você? O que você está vendo pela primeira vez? O que você está vendo de uma nova maneira?

Você já se perguntou sobre Eva naquele dia em particular no jardim? Quais questionamentos feitos no capítulo chamaram a sua atenção? O que você questionaria a respeito dela que não foi questionado aqui?

A vergonha afeta o seu relacionamento com Deus e com os outros? Você alguma vez enxergou a vergonha como uma emoção positiva? Como você pode transformar sua percepção de vergonha em um lembrete de quem você realmente foi criada para ser?

Onde você vê a misericórdia de Deus cobrindo-a e protegendo-a em sua vida? Onde você está lutando contra ser resgatada? Como você poderia largar disso e confiar na bondade de Deus e no desejo de resgatá-la?

3 As novas Evas e o Corpo de Cristo

Relembrando (ou reintegrando) a nós mesmas

"'Até Isabel, tua parenta, concebeu um filho em sua velhice, e este é o sexto mês daquela que era considerada estéril, porque para Deus nada é impossível'. Disse então Maria: 'Eis aqui a serva do Senhor. Aconteça comigo segundo tua palavra!' E dela se afastou o anjo."

(Lc 1,36–38)

"Aconteceu que, mal Isabel ouviu a saudação de Maria, a criança saltou em seu ventre; e Isabel, cheia do Espírito Santo, exclamou em voz alta: 'Bendita és tu entre as mulheres e bendito é o fruto do teu ventre!"

(Lc 1,41–42)

"Então Maria disse:
'Minha alma engrandece o Senhor
e rejubila meu espírito em Deus, meu Salvador,
porque olhou para a humildade de sua serva.
Eis que de agora em diante me chamarão feliz todas as gerações,
porque o Poderoso fez por mim grandes coisas:
O seu nome é santo."

(Lc 1,46–49)

Eu não sei se era a menina de oito anos mais animada de todos os tempos para fazer sua primeira comunhão, mas posso lhe dizer o seguinte: eu definitivamente estava mais animada do que a média. Por um lado, eu realmente amava Jesus tanto quanto o coração de uma garotinha pode envolver-se em torno desse mistério. Por outro, as tendências para o perfeccionismo espiritual e o desejo de agradar às pessoas já estavam desabrochando em meu pequeno espírito expectante e de olhos arregalados, e eu queria muito receber direito a minha primeira comunhão – do jeito correto, do jeito que esperavam de mim.

Então, no dia do nosso ensaio, escutei atentamente as instruções da Irmã Mary Ellen, que estava parada perto do altar da igreja monolítica onde o acontecimento teria lugar e nos mostrou como caminharíamos em fila indiana para os degraus laterais e esperaríamos ali até que o lugar no topo estivesse livre, e então avançaríamos. De lá, para o X marcado com fita exatamente perpendicular ao padre e à criança recebendo o Santíssimo Sacramento. E dali, para o local onde receberíamos Jesus pela primeira vez.

Depois, ela ilustrou como deveríamos posicionar as mãos, palma da mão direita sobre a esquerda, e *bem no alto*, enfatizou, para que o padre não tivesse que se abaixar para alcançá-las. Quando chegou a minha vez, eu estava determinada a seguir essas instruções exatamente como ela as havia passado, então, caminhei atrás das outras crianças da minha fila e fiquei parada pacientemente nos degraus de mármore branco, as mãos nas laterais do meu corpo, quietas no lugar.

Quando o espaço se abriu, eu pisei conscientemente na primeira marcação no altar, depois na próxima e, finalmente, aproximei-me da irmã que agora estava fingindo ser o padre e, com grande concentração, coloquei as palmas uma sobre a outra, como ela havia demonstrado, e as ergui bem alto para mostrar o meu grande desejo de receber a Eucaristia e de fazê-

-lo corretamente. A boa irmã soltou uma risadinha em reação ao meu esforço e disse algo sobre como eu havia levado a sério demais as suas instruções, enquanto abaixava um pouco as minhas mãos muito estendidas.

Naquele fim de semana, executei com menos confiança os passos das paradas no altar ao longo do trajeto para a minha Primeira Comunhão, e levantei as minhas mãos com grande dúvida se o estava fazendo do modo correto. E, então, o padre, sem checar a posição delas, sem me aprovar ou me corrigir, simplesmente depositou a hóstia em minhas mãos e disse gentilmente: "O Corpo de Cristo". E lá estava ele. Jesus. Esperando para ser recebido por mim. E a forma como mantinha minhas mãos parecia importar muito pouco, se é que importava alguma coisa, naquele momento.

Há uma foto minha, os cabelos cacheados encimados por uma guirlanda de pequeninas flores brancas, trajando um vestido perfeitamente branco que eu adorava, do lado de fora da igreja ao lado de meu padrinho, também um padre católico. Estou radiante. Não há mais vestígios dessa dúvida no meu rosto sorridente. Minhas mãos postas em oração parecem saber exatamente o que estão fazendo.

Em algum momento durante a minha vida adulta, adotei a prática de receber a hóstia principalmente na boca. Enquanto muitos enxergam essa opção como mais reverente, eu apenas a vejo como a maneira menos provável de eu estragar o processo. E, no entanto, toda vez que entro na fila da comunhão, estremeço por um momento tomada pela dúvida se estou ou não abrindo direito a boca, se estou ou não novamente fazendo errado quando estou apenas tentando acertar.

E em todas as vezes, Jesus simplesmente aparece, de alguma forma, bem ali na minha língua, para ser recebido por mim. Ninguém nunca corrige o meu queixo ou os meus lábios, nem me olha de maneira gozadora. Vez após vez, a graça simplesmente desce de maneira fácil e espontânea para eu recebê-la. E eu relembro como é estar radiante na alegria daquele acolhimento.

Assim é a graça. É desta forma que nós relembramos (ou reintegramos) quem somos. Somos as mulheres que nunca conheceram o Éden, mas que instintivamente anseiam por ele em nosso coração. Somos as mulheres que nunca souberam o que é viver fora de corpos concupiscentes, que, diferentemente de Maria, concebida sem pecado, somos pecaminosas com muito mais frequência do que somos santas. Mas nós a consideramos a nossa nova Eva, mulher como a mulher estava destinada a ser, e a aceitamos como mãe em nossa jornada de volta à graça, de volta ao coração do Pai através do Corpo de Cristo e de sua amada Noiva, a Igreja.

É assim que relembramos (ou reintegramos) a nós mesmas enquanto vivemos em carne decaída em um mundo decaído – entregando-nos ao Deus que se torna carne humanado dentro do ventre de uma mulher, conquista a nossa salvação por meio de seu sofrimento, morte e ressurreição, e deixa para trás a dádiva de uma mãe para nos guiar e uma Igreja que se torna seu corpo em ação, animada pelo Espírito Santo, e nos dá uma entidade tangível, que respira, que vive, na qual podemos nos relembrar (ou nos reintegrar) da graça e da bondade de Deus.

Considerando a Encarnação

Imagine comigo por um momento que você nunca ouviu falar do Cristianismo, da Bíblia ou da cosmovisão cristã da criação. Se esse fosse o caso, e eu houvesse lhe apresentado as duas histórias que acabamos de discutir, a criação e a queda, você teria adivinhado que a maneira como essa bagunça foi redimida e corrigida foi que milhares de anos depois, em um ponto específico do tempo, em um lugar específico da terra, no ventre de uma mulher muito específica, o mesmo Deus que havia criado o homem para Si próprio se fez homem para os homens? Eu acho que você provavelmente reagiria com a expressão popular: "Por essa eu não esperava". De fato, a maioria do povo judeu fiel que compunha os descendentes de Adão e Eva não esperava por essa, e estavam e ainda estão procurando por uma solução para o problema de nossa humanidade totalmente diferente de um homem chamado Jesus nascido de uma virgem chamada Maria. É bem provável que qualquer um de nós com uma fé sincera também possa dizer que há muitos dias em que olhamos para Deus e ainda questionamos Sua escolha. A encarnação não é pouca coisa para ser aceita, especialmente quando se torna o cerne do seu entendimento de si mesmo e da sua salvação.

E, ainda assim, aqui estamos nós. O mundo esperou milhares de anos, desde o início da criação, para saber exatamente qual seria a resposta para o problema do nosso pecado. Deus ofereceu dicas ao longo da História, contos e histórias, resgates e alívio que servem para nos lembrar que, mesmo depois que os portões do Éden foram bloqueados por uma espada flamejante, Ele permaneceu presente para o Seu povo – aqueles que Ele havia criado, formado, chamado de Seus e cobertos por compaixão, mesmo depois de terem se afastado Dele. Por todo o Antigo Testamento, Deus adverte e envia sinais de destruição em Sua ira justa, mas com a mesma frequência Ele fala do dia em que nos trará de volta à nossa terra natal, o dia em que seremos novamente o Seu povo e Ele o nosso Deus.

Quando Deus criou o homem e a mulher como Seu ato final da criação, escreveu para Si Mesmo uma carta de amor. A humanidade era o único aspecto da criação que Deus fez exclusivamente para Si Mesmo, e Seu único desejo era que vivêssemos em amor consumado com Ele. Quando traímos esse amor com o pecado, no coração de nosso Deus permaneceu um incansável desejo de que a criatura que havia feito como

Ele voltasse novamente a ser como Ele. Deus é o impulso para o instinto do Éden que aflige o nosso coração. Enquanto Ele anseia por nós e toda a criação fora de nós suspira com esse anelo, lembramo-nos em algum recôndito de nosso íntimo de que fomos criados para uma união perfeita com Ele, e também ansiamos por isso.

Mas, assim como o começo do mundo, de acordo com a história da nossa criação, não foi o começo de Deus, também é verdade que o momento da Anunciação do anjo Gabriel à mulher Maria não foi o começo de Seu plano para a nossa salvação. Assim que negamos a primeira carta de amor de Deus para Si Mesmo com o nosso pecado, Ele pegou da pena da misericórdia e começou a escrever uma carta de amor para nós. Uma carta de amor de Encarnação que, como diz Santo Atanásio, "tocou todas as partes da criação e as libertou e desenganou-as de todos enganos".[3] Por esse motivo, quando Deus Pai considerou que por um momento particular na história da mundo Ele enviaria o Filho para assumir a pele humana e encarnar no ventre de uma mulher, Ele estava precisando de uma nova Eva. Não poderia reescrever a carta de amor entre Ele e a criação e deixar de fora um dos personagens principais.

Então, para o Novo Adão, houve uma nova Eva. Não uma cópia parcial de Eva, um tipo puro de mulher com um instinto do Éden particularmente forte que se aproximasse muito da inocência original de Eva, mas sim uma versão verdadeiramente nova da mulher perfeita do Éden. Enquanto toda a humanidade que se seguiu a Adão e Eva sentiu, como nós sentimos, o instinto do Éden operando em seus corações, ninguém possuía a qualidade corporal da inocência original para ombrear com esse instinto, até Maria.

A Imaculada Conceição de Maria é uma doutrina da Igreja Católica há muito incompreendida e subestimada. As explica-

3 Atanásio de Alexandria, *Sobre a Encarnação*.

ções habituais de Maria como uma nova Arca da Aliança – um receptáculo perfeito criado para abrigar o santo dos santos, a presença de Deus com o homem – são ricas e precisas em toda a sua propriedade. No entanto, Maria não foi simplesmente aperfeiçoada a partir da concepção, porque Deus não suportava a ideia de entrar em um corpo feminino maculado pelo pecado. Ela foi criada na inocência original do Éden e na perfeição da feminilidade porque, quando Deus escreveu a carta de amor da redenção para a humanidade, Ele o fez ao inverso da história original da criação.

Deus sonhou um mundo e, em seguida, viu-se ainda desejando algo que seria suficientemente como Ele para amá-Lo; então, primeiro formou Adão do barro da terra e soprou vida nele e, depois, percebendo o último elo faltante, pegou um pedaço de Adão, carne e osso do primeiro homem, e, lentamente, camada sobre camada, moldou o intrincado design da mulher; Ele faz o contrário no ato da Encarnação.

Ele primeiro forma uma mulher que será como Ele, assim como era Eva, uma mulher que mesmo antes de ser envolvida pela sombra que a fecunda com o Filho, vive em amor consumado com o Espírito Santo, como Eva fez no Éden. E quando chega o momento de encarnar-se em seu ventre, a fim de nos devolver a possibilidade de uma vida no Éden na eternidade, o Deus que acrescentou a complexidade da mulher sobre a bela complexidade humana e a colocou na segurança de um jardim se torna homem, camada de células sobre camada de células na segurança de seu útero. O livro de Gênesis nos diz que no centro do Jardim do Éden ficava a Árvore da Vida e os rios que corriam através do Éden nutriam os frutos daquele jardim. E aqui está o nosso Deus, misericordiosamente vindo para salvar nosso corpo mortal de permanecer trancado do lado de fora daquele jardim para sempre, no ventre perfeito de uma mulher perfeita, uma nova Eva nutrindo a nossa salvação em um Novo Éden.

Na cultura do nascimento, é comum chamar a placenta de uma mulher de "a árvore da vida". É um órgão criado pelo corpo de uma mulher especificamente para nutrir a vida que ela está gestando. Sua forte conexão com o cordão umbilical imita um tronco e, em seguida, os vasos sanguíneos se distribuem na superfície da placenta, criando uma imagem que evoca os galhos de uma árvore, com o órgão redondo criando a folhagem da árvore. Essa árvore alimenta a vida que cresce no jardim do útero da mulher, cercada pelas águas de segurança dentro de seu saco amniótico. Quando o bebê nasce, juntamente com a maravilhosa vida humana, o sangue nutritivo da placenta e as águas vitais do líquido amniótico também devem derramar-se para completar o processo.

Os detalhes da inversão do processo da nossa criação com o processo de encarnação não podem ser ignorados. Maria, a nova Eva, gera Deus no jardim de seu ventre, nutrindo-o com sua própria placenta, a árvore da vida que seu corpo perfeito cria para Ele, na segurança da água que sempre flui. O Espírito Santo caminha com ela naquele jardim do mesmo jeito que Deus caminhou com Eva. E, no processo de nascimento, o nosso Deus encarnado nasce da escuridão para a luz por uma mulher que permite que o seu corpo concorde com o trabalho de se tornar mãe – a Mãe da Vida Eterna, assim como Eva foi a Mãe de Todos os Viventes. E com a vida de Cristo nasce o sangue e a água da paixão, prenúncio de nossa redenção. Todo o mistério de nossa criação e nossa salvação derramado no silêncio de um estábulo de Belém por meio do corpo de uma mulher.

Você consegue imaginar isso? Pode haver mistério maior do que a Encarnação, em seguida à nossa criação e nossa queda, e que traz a nossa salvação? Você sente o surgimento do instinto do Éden em você, o desejo de concordar com a beleza desse mistério? Como reagimos a uma carta de amor tão grande e tão perfeita de nosso Deus?

A caminho da Judeia com Maria

Quando alguém lhe oferece essa gentil expressão de amor, há apenas uma resposta afirmativa a oferecer em troca – receber esse amor. E como Maria optou por não rejeitar o amor de Deus, a única resposta que ela poderia oferecer é aquela que passamos a chamar de *fiat*, sua resposta ao anjo Gabriel: “Faça-se em mim”.

Maria, por sua conceição imaculada, desfrutava de uma intimidade única com Deus que lhe proporcionava uma compreensão profunda de Sua vontade, assim como era com Eva quando ela caminhava com Ele no jardim do Éden, nua e sem vergonha. Maria não precisava da folha de figueira ou da cobertura da misericórdia de Deus para sua concupiscência, de modo que ela é capaz de viver o relacionamento ideal de mulher que vive nua e sem vergonha diante de Deus.

Como era isso, visto que a nudez de Maria obviamente não era física? O que significava para Maria crescer da infância até a vida adulta sem nada a separando de Deus, sem nada a esconder, sem medo de sua total dependência Dele, e sem consequências de desobediência à Sua vontade?

Como era a vida de oração de Maria quando criança? Como o relacionamento dela com Deus mudou quando ela chegou à adolescência? Ela temeu por José quando seu noivado foi anunciado, apesar de confiar totalmente em Deus para prepará-lo para seu papel? Ela sentiu o momento se aproximando, da mesma forma que Eva sabia que Deus a estava procurando no jardim naquele dia depois que ela mordeu a maçã?

Que linda comparação para se imaginar, a de que, ao contrário de procurar um lugar para se esconder, quando a luz de Gabriel raiou e sua voz soou, Maria simplesmente deu um passo à frente sem nada a esconder, nua em sua vulnerável perfeição como a mulher deveria estar diante de Deus. E com seu *fiat*, ela substitui o momento em que Eva afirmou sua própria vontade no lugar da de Deus, com perfeito consentimento, corpo e alma, intelecto e vontade, superando o medo, o risco de perseguição e desconhecimento, de ficar nua diante de Deus e oferecer a si mesma como escrava, serva, noiva e mãe.

Maria, embora talvez não surpresa com o anúncio do anjo, questionando apenas para confirmar os detalhes de como o evento se desenrolaria, parece se animar com uma surpresa alegria ao saber que sua prima Isabel, que há tanto tempo pensava ser estéril, agora não apenas estava grávida como sua gravidez era avançada. Maria, o Evangelho nos conta, sentiu necessidade de correr para visitá-la.

A Bíblia não nos diz se Maria arrumou uma trouxa com seus pertences antes de partir, se falou com alguém, se foi sozinha ou se juntou a uma caravana. Sabemos apenas que ela se apressou, seu espírito rápido em saber que, nos primeiros instantes da Encarnação, assim que o seu "faça-se em mim" foi dito, ela deveria estar a caminho do momento de seu *Magnificat*, em que ela proclamou a grandeza de Deus no que Ele havia feito nela por toda a criação.

Se Maria realmente caminhou sozinha até a casa de Isabel e Zacarias, é provável que ela tenha tido cinco dias empoeirados a percorrer a pé, andando quase o dia inteiro, para refletir sobre como acontecera o intercâmbio entre ela e seu amado e o que viria a seguir. Também é provável que suas pálpebras tenham ficado pesadas com a exaustão do início da gravidez e sua boca tenha ficado seca mais rapidamente do que o normal. Eu me pergunto se ela encontrou trechos cobertos de sombra para tirar uma soneca ou parou em estalagens aquecidas ao longo do trajeto para procurar abrigo contra o vento frio da noite no deserto. Ela falou com alguém? Tentou fingir que tudo estava normal, manter uma conversa casual enquanto Deus estava sendo reunido célula por célula dentro de seu corpo? Ou será que ela, como parece que passou a maior parte de sua vida fazendo, simplesmente ponderou tudo isso em seu coração?

Acho que ela passou grande parte de seu tempo de viagem sozinha, conversando com Deus, que agora não apenas caminhava com ela, mas habitava nela, orando pela salvação do mundo vindouro, orando pelo nosso sim, esperando que ecoássemos o seu *fiat* e nos tornássemos a nova geração de Evas depois dela, as mulheres que afastariam o desejo de afirmar as nossas vontades e, em vez disso, concordariam com Deus em servidão voluntária e alegre.

Quando ela finalmente chega à porta de Isabel, há um momento para saudar, conversar e celebrar. Finalmente, nas mãos de uma amiga que compreende a profundidade da experiência espiritual que ela teve, o ventre dilatado de Isabel e suas mãos envelhecidas se estendem para o útero ainda secreto e as bochechas jovens de Maria, enquanto ela sente a alegria da salvação dentro do próprio corpo, e Maria libera sua esperança no mundo pela primeira vez.

A cena do Evangelho de Lucas diz que Maria entrou na casa e saudou Isabel. Imagino Isabel à lareira, nos fundos da casa, ou descansando em uma esteira de palha, o rosto virado para um canto, e Maria entrando silenciosamente pela porta e chamando o seu nome. E Isabel, sobressaltando-se quando o bebê em seu ventre pula de alegria, e então ela também, pois a salvação que haviam profetizado que seu filho proclamaria chegou, está ali em sua casa, no ventre da bendita entre as mulheres, nossa bela Maria.

Quando Isabel e seu bebê reconhecem Deus presente no ventre de Maria e manifestam com admiração e alegria a bênção que é Ele ter vindo, quando Maria pode sentir com certeza que agora é a hora e este é o momento e ela não é mais a única a saber, o que mais resta senão proclamar seu amor ao Senhor?

Ela que reverteu a afirmação de Eva com seu próprio consentimento e tornou-se mulher mais uma vez unida a Deus em amor consumado responde à Sua carta de amor à humanidade, à Sua Encarnação e à nossa salvação com sua própria canção de amor, a canção que chamamos de Magnificat.

Imagine Maria parada diante de Isabel nas sombras silenciosas de um lar simples na Judeia, João Batista revirando-se com o deleite da salvação no ventre de sua mãe, e Maria sabendo que a vida em seu próprio ventre é quem Ele disse que seria, esta canção escapando de seus lábios: "Minha alma engrandece o Senhor e rejubila meu espírito em Deus, meu Salvador, porque olhou para a humildade de sua serva (...) porque o Poderoso fez por mim grandes coisas: O seu nome é santo" (Lc 1,46-49).

A vida da nova Eva a partir de agora se torna um movimento constante de idas e vindas do *fiat* para o Magnificat, do consentimento à vontade de Deus ao amor consumado do Senhor, do "faça-se em mim" ao "minha alma engrandece o Senhor, O seu nome é santo". A vida de Maria se torna o caminho para todos nós de volta ao Éden, o caminho para aceitar a salvação que nos trará de volta à união eterna com Deus. O *fiat* de Maria é a sua nudez de dependência diante do Senhor, e seu Magnificat é seu amor sem vergonha por Ele.

Seu sim abre o caminho para abraçarmos a mesma vida e nos lembrarmos (ou nos reintegrarmos) a Deus através do corpo de Cristo aqui na terra, a Igreja.

Rendida à graça

Nós, as filhas de Eva, que herdamos tanto a *imago dei* na forma feminina como a propensão a afirmar nossas paixões quando deveríamos submeter nossa vontade à obediência a Deus, tornamo-nos também as filhas da nova Eva, Maria, esposa do Espírito Santo, Imaculada Conceição, Rainha do Céu e da Terra, e mãe de Cristo, cuja noiva é a Igreja.

Isso, minhas amigas, é motivo de regozijo, porque é ao "nos integrarmos" à Igreja, à noiva e ao corpo de Cristo, que lembramos (ou reintegramos) quem somos e revivemos o instinto do Éden que nos impele novamente, de corpo e alma, a sermos as mulheres que Deus nos criou quando Ele estava nos escrevendo como uma carta de amor para Si Mesmo.

Se o pecado é a nossa queda, e a maneira como nosso corpo e nossa alma se desintegram, o corpo se alinhando com as paixões e desconectando-se da nossa vontade e intelecto, então a graça é o nosso caminho para sermos relembradas (ou reintegradas), reconstituídas. A graça sacramental da Igreja é a maneira corporal e tangível de nos tornarmos inteiras novamente. Entregar-se a essa graça é a maneira como ecoamos o sim do *fiat* e a proclamação do Magnificat da generosidade de Deus com nossa Mãe Maria, para que possamos ficar novamente nuas e sem vergonha com nossa primeira mãe, Eva.

Tradicionalmente, na Igreja, definimos os sacramentos como "sinais visíveis da graça invisível". Em outras palavras, se escolhermos consentir com a graça que eles nos oferecem, os sacramentos tornam-se tangíveis, sinais físicos de uma ação que ocorre dentro de nossa alma e que nos levam para mais perto de Cristo, unindo-nos mais plenamente à Igreja e conduzindo-nos à vida eterna.

A Igreja, em toda a sua sabedoria, entende que Deus nos criou como criaturas corporais e que os aspectos mais importantes de nossa fé, aqueles que tocam os maiores mistérios de como nos unimos a Deus, devem ser experiências físicas, tanto quanto são espirituais. A Igreja, seguindo o exemplo de um Salvador que curou com cuspe e terra e depois proclamou que fora a fé que salvara, não separa a nossa experiência física da graça da experiência espiritual dela.

A Igreja compreende nossa composição humana, corpo e alma, e sabe que o instinto do Éden anseia que ambos os aspectos de nosso eu retornem à plenitude de nosso relacionamento original com Deus. Então, ela derrama água em nossa cabeça e nos unge com óleo, ela nos coloca diante de um homem de carne e osso para que possamos receber as palavras de perdão por nossos pecados, e ela toma o pão e o vinho em obediência ao mandamento de Cristo, transubstancia-os em sua carne real, e a coloca em nossos lábios para consumirmos.

O ato final de união que podemos ter com Deus deste lado do céu é a nossa comunhão com Ele na Eucaristia, e é uma experiência física literal de consumir Seu corpo no nosso, recebendo a graça de nos lembrarmos como Eva, nuas diante Dele, dependentes Dele para nosso sustento e em total consentimento à Sua vontade.

Ao nos abrirmos para receber Cristo na Eucaristia, instamos nosso coração ao mesmo consentimento que Maria ofereceu ao Espírito Santo, um *fiat*, um "faça-se em mim". Ficamos abertas diante de nosso Deus para recebê-Lo em nós mesmas e aceitar que nossa tarefa seja então acreditar nessa comunhão com fé suficiente para que nossa vida se torne uma canção do *Magnificat* proclamando sua bondade e fidelidade a nós em nossa humildade.

A graça é o ponto central da nossa vida de gangorra entre sermos feitos à imagem de Deus e sermos capazes de negá-Lo em pecado. A graça traz ordem aos dois lados, nossa natureza edênica e pecadora, e traz a nossa alma de volta à união consigo mesma dentro de nosso corpo, para que ambos possam refletir essa harmonia espiritual.

No Éden, antes do pecado, Eva vivia em harmonia com Deus, Sua criação, Adão e ela própria. A integração espiritual para nós como mulheres hoje seria viver em perfeito assentimento à vontade de Deus, cuidar de Sua criação, estar em paz com o próximo e conectar-se plenamente com nós mesmas, corpo e alma. O pecado destrói essa harmonia, mas Maria torna possível que lembremos e ansiemos por isso ao consentir a encarnação de nosso Deus dentro dela, dando-nos um caminho para a nossa salvação. Enquanto aguardamos a salvação na Terra, os sacramentos transmitem a graça de que necessitamos para encontrar e recuperar o que podemos dessa harmonia do Éden e consentir mais plenamente com a vontade de Deus, para que possamos viver uma vida de integração física e espiritual que imita a vida do Éden o mais próximo possível do lado de fora do Céu.

Os primeiros sacramentos da Igreja – Batismo, Comunhão e Crisma – são chamados sacramentos de iniciação. Eles literalmente nos reintegram ao corpo de Cristo e possibilitam que nos lembremos do nosso Éden através da graça. No batismo, somos lavados nas águas, como os rios que corriam pelo Éden e alimentavam a fecundidade do jardim, a fim de nos libertarmos da mancha do pecado original que torna impossível para nós a harmonia com Deus. Somos recebidos fisicamente em seu corpo, a Igreja, e somos convidados a viver novamente em harmonia com Ele. Vestidos de branco, somos o símbolo de uma nova vida, nua e sem vergonha. Tornamo-nos novos e transformados, trazidos de volta à nossa identidade do Éden, feitos mais uma vez como Deus.

Com o tempo, nossa inocência recém-batizada deve ficar cara a cara com a outra metade da herança que Eva nos deixou, a nossa natureza pecaminosa. Embora nosso corpo tenha sido frequentemente focado como o lugar desse pecado, a verdade é que todo pecado provém de uma desordem em nossa alma, o lugar onde a nossa vontade e intelecto não podem superar os desejos de nossas paixões e os seguimos em desobediência a Deus. Muito semelhante a Eva, finalmente deixamos o desejo nos convencer de que a coisa pecaminosa que queremos é realmente boa e que Deus gostaria que a tivéssemos. Muitas vezes, o prazer que obtemos é carnal, um prazer corporal. Mas não é em nosso corpo que nossos desejos pecaminosos se originam. A referência frequente de São Paulo à "carne" como aquela parte de nós que tenta afastar a obediência a Deus não é uma referência, como muitos pensam, ao nosso corpo físico, mas ao lugar das nossas paixões no nível mais baixo de nossa alma.

O sacramento da Confissão é o processo pelo qual um homem em carne e osso, o sacerdote, nos traz de volta à harmonia com Deus e a nós mesmos por meio do perdão de nossos pecados, para que possamos nos reunir também ao corpo de Cristo, a Igreja. O sacramento do perdão é o sacramento da restauração da harmonia que tínhamos no Éden. Que beleza saber que, toda vez que destruímos nosso *fiat* de concordância com Deus ao sucumbir às mentiras de satanás, podemos voltar à proclamação do Magnificat da grande misericórdia de Deus através do ato corporal da absolvição, que remove a folha de figueira da vergonha de nosso corpo e nossa alma e nos conduz de volta ao mundo coberto pelo amor misericordioso de Deus.

Na Crisma, assumimos diante da Igreja a postura de Maria diante do anjo Gabriel. Ficamos de braços abertos como membros da noiva de Cristo e permitimos que o Espírito Santo nos envolva também com a sua sombra. Nós nos rendemos aos dons e graças que ele se compraz em nos conceder, e prometemos usá-los para o bem de nossos próprios corpos e almas, bem como do corpo da Igreja. Somos restaurados à harmonia do Éden na comunidade em que vivemos, à disposição um do outro para o bem de todos.

Então, diariamente Deus retorna novamente no pão e no vinho, para que possamos receber o corpo e o sangue Dele em nosso próprio corpo. Ele pega o osso único do nosso começo e se sobrepõe em camadas em todos os pontos em que Sua imagem em nós foi danificada, reparando os rasgos que produzimos na trama com que Ele nos une a todos com o dom da graça, para que possamos viver Nele e Ele em nós. Nós não desfazemos a queda do Éden vestindo-nos em Deus, cobrindo o que foi desfeito com a nossa vergonha. Desfazemos isso gradualmente, reaprendendo como é consumar-se em amor a nosso Deus, comungar com Ele, de corpo e alma, e deixar que a comunhão nos leve a uma vida que se rende facilmente às ondas do "faça-se em mim" e "minha alma engrandece o Senhor". É assim que um Deus encarnado traz salvação para os filhos que criou em amor. Esta é a assinatura da carta de amor que Ele escreveu quando vestiu a pele como Jesus nosso Redentor. E isso nos conduz, em nossa entrega, à porta da eternidade, onde um dia Ele se deleitará em nos buscar e nos conduzir através do limiar para a plenitude do amor do Éden com Ele.

Maria caminha ao nosso lado como mãe e guia com sua mão gentil, ensinando-nos as constantes respostas de seu *fiat* e *Magnificat*, e Eva se destaca diante de nós, chamando-nos de volta ao paraíso do Éden que é agora a vida eterna do Céu, onde temos a possibilidade de viver como ela viveu, nua e sem vergonha no jardim do nosso Deus.

A história de Shannon

A tatuadora inclinou a cabeça, perdida em pensamentos, obviamente tentando imaginar tatuada no meu braço a imagem que eu levara para ela. Quanto a mim, começara a fazer planos para isso já na primeira vez que pus os olhos na gravura de Maria e Eva desenhada por uma irmã da Abadia de Nossa Senhora do Mississippi. As duas mulheres estão frente a frente, Eva coberta apenas por seus longos cabelos escuros, segurando uma maçã em uma mão e tocando a barriga grávida de Maria com a outra. A mão de Maria está estendida, segurando o rosto de Eva com toda a chocante ternura que estamos convencidos de que ela não merece.

Mas foi a parte inferior da imagem que roubou o meu coração. Uma longa serpente verde está enrolada assustadoramente ao redor do calcanhar de Eva. O pé de Maria aponta por baixo do manto azul, pisando humildemente, mas de forma triunfante, a cabeça da serpente.

E, simples assim, a história da redenção da humanidade é contada por duas mulheres.

Tornei-me católica aos trinta anos e meu caminho de fé havia sofrido algumas reviravoltas nas três décadas anteriores. Muitos foram os anos em que embarquei na mentira de que o Céu era mais importante do que a Terra, que os milagres eram maiores do que a substância física, e fiquei indiferente às milhares de maneiras pelas quais Deus vive e se move e manifesta o Seu ser através das coisas tangíveis e sensoriais de Terra.

Mas um período de dúvida e sofrimento resultou em graça e olhos para enxergar a minha fé de novas maneiras. A natureza sacramental da Igreja Católica me atraiu como um ímã por seu amor por todas as coisas físicas. Fosse o cheiro de incenso, ouvir uma absolvição, provar a Eucaristia, ajoelhar-me, ver Cristo encarnado nos pobres, ou contemplar o fato de que Jesus assumiu uma carne como a minha, não pude escapar das milhões de provas de um deleite do Criador na criação nem de Sua determinação em usá-la para me cortejar na Terra.

Comecei a ver que a intenção de Cristo nunca foi relegar a redenção ao reino espiritual, deixando-nos a aguardar desesperadamente para abandonar esse mundo físico complicado. Não, ele está em todas as coisas e mantém tudo junto. Ele está no pão que comemos, ele está no toque do próximo, ele está nas lágrimas dos nossos filhos, ele está na terra que cavamos, e ele está na voz dos pobres.

Na imagem agora gravada na minha pele, Eva representa o eu que tentou correr e se esconder do reino físico. Ela está envergonhada, esperando a redenção, esperando pelo dia em que todas as coisas serão renovadas e ela poderá finalmente entrar na glória que a aguarda. A serpente ainda tem sua perigosa influência.

Mas Maria fala da minha fisicalidade. Não consigo olhar para a silhueta grávida de Maria e esquecer que o nosso Deus abraça a Terra. Maria esmaga a cabeça do mentiroso, e lembro-me de novo quais são as Boas Novas. A redenção já começou; ela pulsa na luz do sol e nos braços tatuados.

Avancemos! Continuemos subindo!

Você foi batizada quando bebê ou adulta, ou em algum momento entre essas épocas? Você tem alguma lembrança daquele dia? Acenda uma vela hoje e abençoe-se com água benta, lembrando-se do seu batismo e imaginando-se literalmente sendo reunida, corpo e alma, e integrada ao corpo da Igreja.

Como é o seu relacionamento com a Eucaristia? Como você se sente quando recebe o Corpo de Cristo, antes, durante e depois? Se você nunca considerou isso, em sua próxima comunhão, observe as sensações corporais que você percebe em cada um desses estágios e registre isso por escrito no seu próximo momento de oração.

Qual tem sido sua experiência com o sacramento da Confissão? Todas nós temos boas e más histórias. Mas você acha que é importante tornar físico de alguma forma o perdão que recebemos por nossos pecados? Que evidência há nos Evangelhos de que Jesus sabe que precisamos ser tocados de maneiras físicas para compreender como a fé nos cura? Tente ler as seguintes passagens para obter ideias: (Jo 9,1–11; Mc 7,31–37; Mt 20,29–33).

Considere o seu próprio relacionamento com Maria. Quem é ela para você? Quem ela tem sido? Qual o papel que você gostaria que ela desempenhasse mais em sua vida?

4 Carência e profundidade

Uma conversa franca sobre autocuidado

"Avistou do alto do terraço uma mulher que tomava banho; era uma mulher muito bonita."

(2Sm 11,2)

"Ela acabava de se purificar da impureza menstrual."

(2Sm 11,4)

"Quando a mulher de Urias soube que o esposo tinha morrido, fez a lamentação fúnebre por ele. Passado o luto, Davi mandou buscá-la, levou-a para sua casa e a tomou por esposa. Ela deu à luz um filho."

(2Sm 11,26-27)

Por ocasião do meu quadragésimo terceiro aniversário, eu estava almoçando com uma amiga querida. Enquanto bebericávamos mojitos no terraço iluminado pelo sol do nosso restaurante favorito na pequena cidade da Costa Rica onde moramos, derramaram-se pela minha boca as palavras sobre quão cansada eu estava e como não tinha certeza de como me recuperar da exaustão que sentia. Ela se inclinou, pegou na minha mão e, com seu olhar conhecido pela empatia, perguntou: "Será que este é o ano em que vamos cuidar de você?" Esquivei-me da intimidade da pergunta e da resposta que sabia que precisava dar. Veja, essa amiga é uma obstetra e, embora o hábito que tínhamos de dar uma escapadinha quando podíamos para almoçar e tomar coquetéis fosse renovador e gratificante para nós duas, eu sabia que ela queria dizer mais do que isso quando falava em "cuidar". Ela é uma mulher cuja vida é dedicada ao cuidado holístico de outras mulheres. Eu sabia que a oferta de autocuidado com que ela me acenava era muito mais profunda do que os guarda-chuvas de papel dos coquetéis e pés pedicurados que o mundo tenta vender para nós mulheres como autocuidado.

Mas tenho certeza de que ela nunca imaginou o dia em que me acalmaria ao telefone após um resultado anormal de mamografia, o dia em que ela veria a realidade do que eu quis dizer com ansiedade severa e tendências a autoflagelação, o que ela viria a saber sobre as raízes e a profundidade da minha dor e vergonha. E sei com certeza que ela nunca imaginou o dia em que apoiaria a minha cabeça no seu colo na parte de trás do carro enquanto íamos para o consultório do psiquiatra que me internaria no hospital devido a um colapso nervoso. Mas ela não recuou quando esses momentos chegaram, porque quando ela disse "cuidar de você", ela estava se referindo ao meu eu como um todo.

Veja, essas são as coisas sobre as quais ninguém quer falar quando iniciamos a conversa com mulheres sobre autocuidado. Existe um mercado inteiro que gira em torno do conceito e, aparentemente, uma infinidade de diferentes "cuidados" disponíveis para escolhermos. Mas onde falta compreensão ao mundo do consumo é onde as mulheres inteligentes, mulheres conscientes de que são corpo e alma, devem se erguer e lutar por uma nova definição de autocuidado, uma que se concentre mais na plenitude do eu do que em respostas fáceis sobre o que poderiam ser esses "cuidados". Não somos seres unidimensionais que podem ser contentados com coisas que um deslizar de nossos cartões de crédito possa pagar.

A pergunta que precisamos nos permitir formular não é como nos sentirmos melhor, mais livres, reconhecidas, ouvidas ou vistas por um momento durante um encontro para um café ou uma massagem no spa, mas como nos sentirmos plenas e genuinamente amadas por baixo da superfície da pele de nosso corpo e nas profundezas de nossa alma – intelecto, vontade e paixões. Esta é a forma que Deus nos concedeu quando nos criou à Sua imagem no Éden e individualizou para cada uma de nós quando nos uniu ponto célula a ponto célula no ventre de nossas mães. É complexa, em camadas, relacional e em constante desenvolvimento. E só nós somos capazes de entender inteiramente o que significa sermos nós mesmas e o que esses eus necessitam. O sublime e grandioso mistério de quem somos e do que é necessário para cuidar de nós reside principalmente no processo de autodescoberta que só podemos empreender se seguirmos o instinto do Éden de volta à harmonia com Deus e com nós mesmas. É uma jornada desafiadora, mas para a qual vale a pena dizer sim, porque saber quem éramos quando vivíamos nuas e sem vergonha é a única maneira de saber quem queremos ser quando formos bem cuidadas e completas novamente.

O desafio que permanece após essa jornada é igualmente intimidante. É o desafio de conceder a nós mesmas permissão para necessitar em uma escala maior e mais profunda do que o mundo gostaria. Como mulheres, estamos constantemente absorvendo a mensagem contraditória de que, ao mesmo tempo, não somos o bastante e somos em demasia. Isso nos deixa com uma sensação de que, por mais que expressemos a realidade de quem somos e do que precisamos, estamos de certa forma erradas. Esse autojulgamento acrescenta vergonha sobre a nudez que arriscamos para revelar o nosso verdadeiro eu e as suas necessidades mais profundas.

E a verdade é que *existem* aqueles que aviltaram a nudez de nossa necessidade e as nossas tentativas de contentá-la – que nos julgariam pelas escolhas que fazemos ao cuidarmos de nós mesmas e as considerariam todas erradas, não espirituais o suficiente, medicalizadas demais, egoístas, tolas ou quaisquer outras das muitas coisas que fariam parecer mais fácil para nós colocar de volta as nossas folhas de figueira da vergonha e entrar nos arbustos para esconder a nossa nudez.

Mas não cedamos nem ignoremos a Eva dentro de nós e seus anseios pela harmonia na qual estamos destinadas a viver. Não abandonemos a esperança da permissão para conhecer e reconhecer o nosso eu pleno e cuidar dele, mesmo que isso pareça um pouco bagunçado, meio feio, ou levemente egoísta para o mundo exterior. Revolucionemos o mundo do autocuidado, convertendo-o de uma moda passageira para um despertar espiritual da totalidade feminina que tem o poder de mudar a nós e o mundo em que vivemos para melhor. Ninguém mais é capaz de decidir por nós quem somos e do que precisamos; só podemos encontrar a nós mesmas no Deus que nos criou. O alicerce de cada passo que damos para cuidarmos de nós mesmas deve ser a confiança em Seu grande amor por nós.

Considerando a natureza do eu

A questão fundamental na escassez de verdadeiras opções de autocuidado para nós, como mulheres no mundo de hoje, é uma relutância em buscar a fundo o que o eu realmente é e significa. Vendem-nos a ideia de que somos feitas de mente, corpo e espírito, e que esses são os aspectos do eu aos quais devemos estar atentas a fim de nos encontrarmos saudáveis e plenas, em outras palavras, cuidadas. Acrescente-se a isso o fato de que a maioria dos esforços visa envolver de forma apenas superficial essas três áreas, focando em tempo para nós mesmas, exercícios físicos, certas indulgências sensoriais e alguma atividade criativa para nos estimular mentalmente. Embora cada uma dessas coisas possa, de fato, acabar desempenhando um papel em nossos esforços para o verdadeiro autocuidado, é importante considerarmos que todas essas soluções se baseiam em uma definição errônea e incompleta do eu.

Na fé católica, não somos criaturas feitas de mente, corpo e espírito; nós somos criaturas feitas de corpo e alma. Essa alma tem uma hierarquia de três partes constituídas por intelecto, vontade e paixões. E vai ainda mais fundo do que isso. São Tomás de Aquino criou um diagrama completo da composição da pessoa humana que nos atribui três categorias de faculdades, com um total de dez subcategorias que são então divididas em vinte e três aspectos mais definidos do pensamento, conhecimento, e apetites.[4] Este livro inclui um diagrama dessas categorias na página 190. Em resumo, visto pela lente da magnitude criativa de Deus e do conhecimento secular da Igreja sobre a condição humana, o eu é um ser complexo e de várias camadas cujas necessidades podem ser inúmeras. Some-se a essa realidade a interpretação histórica, e provavelmente correta, de que as mulheres têm uma consciência mais profunda desses níveis do eu e os sentem com mais intensidade, e devemos fazer uma mudança mental na nossa representação do "eu" se quisermos chegar ao cerne do autocuidado.

Retornamos à história da criação e consideramos Deus segurando em suas mãos uma forte costela de Adão e, camada por camada, formando a mulher, com as faculdades animais normais de reprodução, crescimento e nutrição; depois, os apetites ou paixões de seus sentidos; o conhecimento que es-

4 SCHU e WEIGEL, p.65.

ses sentidos podem adquirir para ela; em seguida, as faculdades racionais de seu intelecto e vontade. E, então, considere que toda essa sobreposição de camadas e complexidade foi individualmente organizada para a capacidade de dar e receber amor – primeiro a Deus, depois a si mesma, aos outros e à criação. Esta é a harmonia do Éden para a qual a mulher foi criada. Este é o eu feminino. Cada elemento do complexo mistério da feminilidade desempenha um papel distinto ao nos permitir amar plenamente e, assim, viver plenamente.

Thomas Merton diz em *Novas Sementes de Contemplação*: "Em nossa criação, Deus fez uma pergunta e, ao vivermos verdadeiramente, Deus responde à pergunta". Parece que a pergunta se baseia em nossa capacidade de amar e no desejo de Deus de ser amado por nós. "Você vai me amar?", Deus pergunta quando Ele nos cria, e nossa vida se torna a resposta a essa pergunta, animadas não pela nossa própria capacidade de amar, mas da maneira como Ele nos criou para amar, oferecendo-nos a oportunidade de revelar a resposta com nosso livre-arbítrio, cada qual à nossa maneira.

O autocuidado se torna o hábito de levar em conta onde estamos no espectro de todos esses aspectos complexos de como somos feitas e o que precisamos fazer para ordená-los mais plenamente para amar a Deus, para que possamos amar melhor a nós mesmas e aos outros. Havia uma frase cristã popular que foi lançada no meu grupo de jovens anos atrás, que afirmava que a definição de verdadeira ALEGRIA (JOY) era pensar em *J*esus primeiro, depois nos *O*utros (Others), e então em si mesmo (*Y*ourself). Embora esse acrônimo banal possa ter servido ao propósito de superar a fase da adolescência focada no ego, parece ter sido imbuído na cultura católica de uma forma que muitas de nós o carregamos conosco convictamente na feminilidade com culpa ligada à realidade inevitável de sermos seres humanos carentes.

A verdade é que Deus nunca pretendeu que vivêssemos a harmonia que Ele criou no Éden de maneira linear, sempre ordenada em somente uma direção, com qualquer variação nessa linha relacional constituindo uma quebra das regras de ser semelhante a Deus. Somos feitas para sermos seres relacionais que são bastante capazes de dar e receber plenamente a todos de uma só vez – a Deus, aos outros *e* a nós mesmas. Não somos de maneira alguma obrigadas por Deus a nos colocar em último lugar, catando as migalhas de Sua bondade e compaixão e fingindo que estamos empanturradas quando na verdade estamos morrendo de fome. Somos capazes de nos doar de maneiras que tocam os mais profundos mistérios de quem somos e de como somos criadas, seja cuidando do nosso corpo físico, cuidando da nossa saúde mental e emocional da forma como necessitamos para nos mantermos estáveis, racionais e com nossa mente lúcida, ou cuidando das partes da nossa alma que necessitam de atenção para que possamos buscar a santidade. Acredito firmemente que, no que diz respeito a como Ele projetou a complexidade do eu, Deus confiou em nós para compreender que a santidade incluiria, pela sua própria natureza, a plenitude, e que Ele se deleita com nossos esforços para compreender a nossa natureza humana e cuidar dela da forma como Ele o teria feito no Éden, para que todas as nossas necessidades sejam atendidas.

Se voltarmos à suposição de Merton de que Deus fez uma pergunta na forma como Ele criou cada um de nós individualmente, e essa pergunta é respondida ao vivermos verdadeiramente, a realidade é que o autocuidado se torna não opcional, mas imperativo em nossa busca de viver como Deus nos criou para que vivêssemos, para seguir nossos anseios de volta ao nosso instinto do Éden.

Merton continua em *Novas Sementes de Contemplação* com o seguinte pensamento: “Nossa vocação não é simplesmente ser, mas trabalharmos juntos com Deus na criação de nossa própria vida, nossa própria identidade, nosso próprio destino (...) para descobrir a nossa identidade em Deus". Se é, de fato, nossa vocação como mulher não apenas existir como ser criado, mas trabalhar em conjunto com Deus para criar a nossa vida e a nossa identidade, então, um compromisso radical de compreender as camadas e níveis de nós mesmas e de saber como cuidar delas, é, de fato, uma parte necessária de sermos humanas.

A beleza de usar a complexa avaliação de Tomás de Aquino do que o "eu" significa, em vez de optar pela sempre popular, mas excessivamente simples, abordagem "espírito-corpo-mente" é a seguinte: ela nos liberta como mulheres da suposição de que *devemos* odiar o nosso corpo. Incontáveis vezes nas Escrituras, ouvimos coisas pecaminosas serem referidas como "da carne", e nos é ensinado que as coisas "carnais" são erradas. A verdade é que são as nossas paixões – localizadas em nossa alma, não em nosso corpo – que nos conduzem ao pecado, e somente quando essas paixões se tornam desordenadas e nos levam para longe de Deus e na direção do mal, quando são criadas para fazer o oposto.

A bela realidade por trás dessa complexidade é que você pode confiar que o seu corpo, capaz como é de seguir suas paixões desordenadas para o pecado, não é em si mesmo um antro de concupiscência determinado a liquidá-la enquanto você tenta viver uma vida piedosa e inspirada no Éden. Seu corpo é seu amigo e uma ferramenta e pode se tornar seu guia confiável conduzindo-a em direção à santidade, e não para longe dela!

E a bela verdade inerente a essa realidade é que, quanto mais confiança você deposita na compreensão de todo o seu eu espiritual e físico, camada por camada, mais capaz você se tornará de um autocuidado honrando a Deus, a si mesma e aos outros, não um antes do outro, mas todos de uma só vez, na harmonia do Éden que é sua para reivindicar.

No terraço com Betsabeia

Era primavera em Jerusalém, época em que os reis marcham para a guerra. O Rei Davi estava, de fato, pronto para seguir o exemplo e enviar suas tropas para "devastar o território dos amonitas e sitiar Rabá" (2Sm 11,1). Ao que parece, eles tiveram fácil sucesso nas duas ações. Mas o próprio Rei Davi não havia ido à guerra com suas tropas, como o costume parece implicar que era o seu dever. Pois o versículo prossegue dizendo que ele "ficou em Jerusalém" (2Sm 11,1).

Sabe-se lá o que foi que manteve Davi em Jerusalém em vez de marchar para a guerra ao lado de suas tropas, como o dever parecia determinar. Talvez tenha sido a primavera em Jerusalém que é passageira e inegavelmente agradável aos sentidos, coberta pela beleza das flores rosadas das amendoeiras e com um clima imprevisível que pode ser frio num dia e depois esquentar no outro por apenas algumas curtas semanas.

Talvez houvesse régios assuntos a serem tratados naquele palácio que não lhe permitissem partir para a guerra com as suas tropas. Qualquer que seja o motivo pelo qual Davi se encontrava no palácio em vez de no campo de batalha no dia em que pôs seus olhos luxuriosos em Betsabeia, o que sabemos, de fato, é o seguinte: ele não se distraiu de suas obrigações por causa dela, como muitas vezes somos levados a crer quando essa história é recontada. As Escrituras narram Davi "levantou-se da cama e andava pelo terraço do palácio real" (2Sm 11,2).

É fácil imaginar um rei poderoso como Davi, em casa e sem tropas para comandar, levantando-se de uma espécie de sesta da tarde e despertando com uma espreguiçada, dirigindo-se até o terraço em uma noite oportunamente quente para dar um passeio e apreciar a vista de Jerusalém que seu palácio, sem dúvida, lhe proporcionava. Só que o que chamou sua atenção não foi tal vista, mas o corpo de uma linda mulher se banhando em um terraço próximo, o corpo de Betsabeia, a esposa de Urias, o hitita, um soldado leal do exército de Davi (2Sm 2–3).

Então, por que Betsabeia lavava-se no terraço à vista de todos? Mais adiante nesta história, é-nos fornecido o esclarecimento de que ela estava tomando banho para se limpar da impureza após sua menstruação. Este não era um banho simples e cotidiano que Betsabeia decidira desfrutar no terraço simplesmente para poder ficar nua ao ar livre onde alguém pudesse vê-la.

O *mikveh* que as mulheres judias realizavam quando o sangramento estava concluído após um ciclo menstrual ou pós-parto era um ritual espiritual e físico, um ato de autocuidado estabelecido por sua fé. Não apenas o ato de purificação se aplicava à própria mulher, mas era considerado um ato que purificava e tornava limpa novamente toda a sua família. Considere esse conceito – um ato de autocuidado ritual de corpo e alma determinado por sua religião que trazia não só a mulher, mas toda a sua família, de volta à harmonia com a sua comunidade. O banho de Betsabeia não era um prazer egoísta e lascivo; era um ritual sagrado de sua cultura e fé.[5]

Com o marido Urias fora, e a possibilidade de ele retornar a qualquer momento para descansar de suas batalhas, Betsabeia purificou-se para poder estar disponível novamente para ele, de acordo com a lei judaica. Ela estava fazendo os preparativos com aquele banho para servir às necessidades de Urias depois de muito tempo distante, na guerra, e se oferecer em intimidade ao seu marido.

5 Jewish Women's Archive Encyclopedia, s.v. "mikveh", por Beth Wagner. Disponível em: <https://jwa.org/encyclopedia/article/mikveh>.

Então, há a questão do terraço. De acordo com a lei ritual, parte da água usada no banho tinha que ser coletada de uma fonte natural: um rio, o mar ou a água da chuva. Considerando-se que era primavera, e todos conhecemos a fama das imprevisíveis chuvas de primavera, faz todo sentido que Betsabeia tivesse colocado algum recipiente no terraço para coletar água da chuva quando caísse, sabendo que precisaria realizar o ritual tão logo seu período menstrual estivesse concluído. Além disso, a lei exige que as mulheres imerjam na água, não simplesmente se lavem com ela, o que exigiria a nudez de Betsabeia para o processo.

Imagine por um momento como foi, em uma cultura na qual tomar banho todos os dias, como estamos acostumados, não era a norma, para Betsabeia finalmente estar no fim do tormento de sua menstruação, um tormento que todas nós conhecemos muito bem, como foi estar grata por ter terminado antes de Urias chegar em casa, e por ela ter tempo para o seu banho. Por haver chovido e ela ter a água de que necessitava, por estar quente e agradável naquele dia de primavera no terraço e pelo perfume das amendoeiras em flor preencher o ar, e pelas papoulas vermelho-sangue que mimetizavam o ciclo de seu próprio corpo desabrochadas em seus caules. Talvez ela tivesse inclusive espalhado algumas flores na água do banho.

Não sei você, mas um banho quente e purificador durante uma menstruação para mim pode ser um dos rituais de autocuidado mais reconfortantes que eu ofereço a mim mesma regularmente. Para que eu simplesmente possa sentir o mesmo alívio de Betsabeia quando ela entrou na água aquecida pelo sol. Talvez ela tenha fechado os olhos, inclinado a cabeça em direção ao céu e deixado o cabelo derramar-se pelas costas nuas, absorvendo o conforto do processo. Talvez ela tenha mexido os lábios nas orações rituais de seu povo ou cantarolado uma melodia agradável para si mesma, como costumamos fazer quando tomamos banho e presumimos que estamos sozinhas. Talvez ela corasse um pouco ao pensar na intimidade que compartilharia com Urias quando ele chegasse. Talvez tenha deixado o sabão permanecer por mais tempo em suas pernas e braços pelo puro prazer que isso lhe proporcionava. E certamente haveria uma lavagem de suas partes mais íntimas, pois esse era, de fato, o objetivo do banho em si.

Às vezes, eu rio de quão bem me sinto molhada e ensaboada no chuveiro, aproveitando a sensação de tocar o meu corpo com delicadeza e oferecer-lhe o presente da purificação, o agradável perfume do xampu, o relaxamento de estar cercada pelo calor da água e o vapor que preenchem o aposento. Costumo rir de novo quando saio do chuveiro para me olhar no espelho apenas para lembrar que essa mulher sou eu, não aquela que eu imaginei ser no chuveiro quando me senti sensual e adorável. Mas se alguém por acaso espiasse por aquela cortina durante o meu banho, essa pessoa poderia muito bem presumir que as minhas ações tinham o objetivo de atrair e seduzir. Sinto-me, na verdade, sexual e sensual, relaxada e aliviada, e mais à vontade na minha pele do que na maioria dos outros momentos ao longo do dia. Ousaria dizer que provavelmente sou mais atraente para os olhos alheios durante um ritual de banho, e acredito que meu marido pode concordar, assim como Davi concordou quando viu Betsabeia com toda a sua beleza ali no terraço. O único problema era que Davi não era seu marido e não tinha o direito de reagir ao seu desejo por ela, além dos direitos que gozava como rei. Então, ele toma o que não é dele fazendo uso indevido de um poder que Deus lhe concedera por sua justiça, e então, ao longo da história, parece que Betsabeia, em vez do rei, leva a culpa por sua nudez, por praticar o autocuidado da forma que não apenas lhe era permitida, mas, de fato, obrigada pelas leis de sua fé.

Betsabeia perde tudo no processo. Urias, seu marido, é assassinado; o filho que ela concebe com Davi morre sete dias após o nascimento. Betsabeia, contam-nos, chora a morte de Urias antes de retornar obedientemente à casa de Davi para ser sua esposa, já que ele é o pai de seu filho. Conforme 2 Samuel prossegue, é-nos dito que é a morte de seu filho que finalmente leva Davi a aceitar sua responsabilidade pelo massacre que causou. Ele jejua e chora na esperança de que a vida de seu filho seja salva e, quando a morte leva o pequeno, David se purifica da maneira ritual necessária, refletindo a retidão de Betsabeia no ato que iniciou essa triste história. É um ato redentor que muda o rumo dos acontecimentos para o bem. Quando Davi admite sua própria falha e alivia Betsabeia de seu fardo injusto, ela pode perdoar e aceitar Davi como seu marido e dar-lhe o filho que todos conhecemos como o rei Salomão.

Betsabeia fica nua no terraço no dia em que essa história começa, cuidando de si mesma. Mais tarde, ela atende às próprias necessidades, demorando-se o tempo que precisa para prantear adequadamente o marido morto. E novamente ela cura o próprio coração quando se permite perdoar Davi e experimentar a alegria com o nascimento de Salomão e o homem sábio que essa criança se tornaria. Na verdade, esse conto é uma história épica do autocuidado de uma mulher que com demasiada frequência ofusca ou vilipendia Betsabeia, que é a verdadeira heroína. Suspeito que o motivo disso possa ser o fato de a história começar com sua nudez e sua beleza, e não estarmos mais no Éden, onde esses aspectos de uma mulher são aceitos sem vergonha.

Permitir a nós mesmas carecer

Muitas de nós mulheres vivem em guerra com o corpo como se ele fosse um inimigo e nutrem vergonha por um companheiro fiel, embora cruel. Há uma batalha acalorada sobre nossos estados mentais e emocionais, sobre quão cuidadosas devemos ser sobre o que compartilhamos com os outros, sobre quão vulneráveis e desnudas somos autorizadas a nos apresentar perante o mundo com os nossos pensamentos, sentimentos e perguntas sobre o que significa ser mulher, plena e sagrada, fora do Éden.

A verdade é que muitas de nós, mulheres, sentimos que deveríamos ter uma vaga permissão de alguém para expressar as nossas necessidades e buscar formas de cuidar delas. Então, quando nos afastamos disso e arriscamos insistir no autocuidado real e efetivo de nosso corpo e de nossa alma, devemos combater sentimentos de culpa pelo nosso egoísmo, por termos carências. Sem mencionar que existe um mundo inteiro, tanto secular quanto religioso, pronto para nos vilipendiar pelas escolhas que fazemos quando decidimos ficar nuas diante dele enquanto tentamos remover a nossa vergonha e viver inteiramente como nós mesmas, complicadas e carentes, mas verdadeiras e reais.

Mais uma vez, tomando como inspiração *Novas Sementes de Contemplação*, temos essa pérola para aplicar em nossa busca pelo autocuidado: "Não procure descanso no prazer, porque você não foi criado para sentir prazer: foi criado para a alegria espiritual. E se você não conhece a diferença entre prazer e alegria espiritual, ainda não começou a viver".

O mundo quer nos vender o prazer de um tratamento de pedicure e dias de spa como autocuidado. Nossa natureza espiritual anseia por momentos de oração, contemplação e refúgio do estresse de nossa vida diária sobrecarregada. Nosso corpo anseia por descanso, renovação, movimento e nutrição. Nossos sentidos anseiam por beleza e uma conexão com o mundo criado. Nossas emoções anseiam por um lugar onde sejam liberadas e recebidas sem julgamento, para que possam retornar à sua ordem legítima e nos aproximar de Deus e dos outros.

Estamos completamente distantes da realidade quando se trata de como definimos o autocuidado para as mulheres. Permitimos que a receita para o nosso cuidado corporal seja redigida pelo mundo do marketing que nos nega como indivíduos e nos enxerga como consumidoras. Limitamos a nossa necessidade de cuidado espiritual – nossa necessidade de batalharmos para repelir as nossas dúvidas, a nossa decepção em Deus e as feridas infligidas ao corpo de Cristo – a discussões em voz baixa com algumas amigas de confiança, se as tivermos. E se a nossa necessidade de saúde emocional e mental exigir mais do que um ouvido atento, precisar de apoio profissional, medicação e diagnóstico, nos esconderemos sob o verniz de estarmos bem para não permitir que as pessoas vislumbrem a nossa espiral rumo à escuridão e sermos acusadas de falta de fé. Sentimo-nos ao mesmo tempo confinadas e divididas, de volta àquela sensação de sermos em demasia e ao mesmo tempo não o suficiente como mulheres.

Se a afirmação de Merton é verdadeira, então começamos a viver e experimentar a alegria espiritual quando paramos de tentar separar a experiência física feminina de quem somos da experiência espiritual feminina de quem somos. Quando começamos a ver que Deus as criou para coexistir em coesão, somos trazidas de volta à harmonia do Éden que nosso coração almeja. É neste momento que começamos a viver plenamente e a conhecer a alegria espiritual.

A raiz dessa coesão é dar permissão a nós mesmas para carecer. Quando Deus criou a mulher no Jardim do Éden, ela veio sem nada, e foi Ele quem providenciou tudo o que ela necessitava. Essa total dependência foi a chave para a perfeição de seu relacionamento com Deus. Foi a decisão de Eva de tentar ser mais parecida com Deus, para que ela não precisasse tanto Dele, que se tornou o momento de nossa queda, o momento em que nós mulheres conhecemos a vergonha pela primeira vez. Ao longo da História, essa vergonha se agarrou à nossa percepção do que é ser carente, não ser capaz de cuidar de nós mesmas por conta própria e sem a ajuda de Deus e dos outros.

Mas não há ninguém para ser o herói ou a heroína de nossa história de autocuidado a não ser nós mesmas. Ninguém que possa sair de trás da folha de figueira da vergonha para a nudez da nossa necessidade, que possa entrar nesse estado vulnerável por nós. Ninguém que possa aceitar por nós que a necessidade de ser cuidada é parte da nossa natureza, parte do que nos faz ansiar por Deus, parte do modo como Ele nos fez para que retornássemos para o amor que tudo abarca com o qual Ele nos ama.

Ao cuidar de toda a complexidade do nosso eu impresso com a imagem de Deus, estamos amando a Deus pela maneira como Ele nos criou. Ao ficarmos nuas para declaramos que, sim, nosso corpo se esqueceu de como nutrir bem a si mesmo e amar bem a si próprio e, para nosso horror e vergonha, está contando esse segredo ao mundo com sua forma e contorno, e, ao admitirmos que queremos tão fervorosamente descobrir como cuidar bem dele, estamos amando a Deus.

Ao nos abrirmos e buscarmos ajuda quando as coisas não estão funcionando bem em nossa mente, quando as sinapses estão disparando em direções erradas ou quando o trauma rompe alguns caminhos importantes e a vida é mais complicada do que podemos compreender por conta própria, estamos amando a Deus.

E ao separarmos um momento ou uma noite ou um fim de semana inteiro para nos sentirmos novinhas em folha, bebericarmos cappuccinos e morrermos de rir, escondermo-nos no banheiro para comer chocolate amargo, e terminarmos aquela conversa tão necessária com uma amiga enquanto dirigimos a esmo, estamos amando a Deus.

Um compromisso radical com o autocuidado é uma admissão de que somos seres complexos feitos por Deus e feitos para carecer. É um comprometimento com nós mesmas para que fiquemos nuas e não tenhamos vergonha dessas necessidades, e desde que mantenhamos o regramento em nossas paixões e evitemos o pecado, podemos nos dar permissão para atender às nossas necessidades corporais e espirituais e buscar a plenitude sem medo.

Há momentos em que podemos exagerar e cruzar a linha do egoísmo, da indulgência ou da intemperança em nossos esforços? Pode ser. Como devemos reagir, então? Buscando a misericórdia de Deus e oferecendo-a a nós mesmas. Para ser franca, acredito que corremos mais o risco de pecar quando degradamos nossas necessidades até ficarmos um pouco mais desesperadas do que deveríamos ficar para atendê-las. E, na maioria das vezes, acho que a cura para uma indulgência insignificante nessa área é ser gentil para consigo, sabendo que oferecer perdão a nós mesmas e aceitar nossas falhas pode muito bem ser o nível mais alto de autocuidado que podemos praticar. Então, reintegramo-nos ao corpo, à Igreja, através dos sacramentos, e reunimos nosso corpo e nossa alma por meio da misericórdia de Deus. Pegamos na mão de Maria, nossa mãe, que está de braços abertos e pronta para nos guiar de volta à vontade de Deus com seu terno amor.

Desistamos do medo e da vergonha que carregamos sobre carecer e lembremos a nós mesmas que, quando Ele nos formou, camada após camada, em tanta complexidade, a intenção de nosso Pai era que não fôssemos apenas carentes, mas totalmente dependentes Dele. Fora do Éden, temos que trabalhar para atender a essas necessidades, pois não há jardim para oferecê-las prontamente para nós, mas o desejo de tê-las satisfeitas é parte de nossos sagrados anseios do Éden, e isso honra a Deus. Podemos oferecer o nosso eu cansado a

Ele sem vergonha do quanto precisamos ser cuidadas, e podemos nos dar permissão para compreender e atender às necessidades que vêm de nossas profundezas, dos lugares mais recônditos que ninguém mais no mundo consegue enxergar. Com a prática do verdadeiro autocuidado, damos permissão a nós mesmas para amar plenamente esses lugares, assim como Deus ama e sempre o fez, desde que éramos novas e totalmente dependentes Dele quando éramos Eva.

A história de Jessica

Enquanto me recuperava do colapso nervoso mais grave que sofri, muitas vezes precisei recorrer a uma lista de verificação pela manhã apenas para lembrar de sair da cama.

Preparar o café da manhã, tomar banho, vestir-me, escovar os dentes – tudo parecia estranho, complicado, quase impossível. Eu não fazia ideia por onde começar, então apenas me deitava na cama, paralisada, e chorava. Uma amiga veio em meu socorro. Ela não questionou como poderia ajudar. Ela me enfiou na cama e me deixou lá para chorar enquanto cuidava dos meus filhos e me trazia refeições. Quando chegou a hora de voltar para sua casa, ela elaborou para mim listas de compras, cardápios e uma programação simples para que eu seguisse após a sua partida.

De acordo com tal cronograma, eu era autorizada a chorar por uma hora ao acordar ("A Hora do Desespero", foi como chamou), mas uma hora apenas. Depois disso, eu tinha que me levantar e ir para a cozinha preparar o café da manhã. Após o café da manhã, eu deveria tomar um banho quente com sais de Epsom. Então, tinha que fazer uma caminhada e ir trabalhar. Olhar para a minha agenda. Fazer progressos para cumprir os prazos.

Ela também incluiu uma lista de perguntas cuidadosamente formuladas para quando meu dia começasse a ficar fora de controle e eu precisasse de um lembrete.

Você esqueceu o seu banho?

Você já almoçou?

Você já tomou água hoje?

Você precisa tirar uma soneca?

Para quem você pode ligar?

Os cuidados de minha amiga – insistindo gentilmente que eu tratasse o meu corpo e o meu espírito com os mesmos cuidados maternos que ela tinha – me ajudaram a sobreviver. Foi um passo importante no meu processo de cura.

Até o meu corpo desmoronar, eu suspeitava do termo "autocuidado", porque soava como "amor-próprio", que eu acreditava ser a raiz de todo pecado. O próprio São Tomás de Aquino disse isso na *Suma Teológica*. Ou pelo menos era o que eu achava.

Imagine a minha surpresa ao descobrir que Tomás de Aquino tinha sua própria lista de verificação de autocuidados para superar a tristeza, e se parece muito com a lista da minha amiga, até o banho quente. Ele também diz que é bom e correto chorar: "Uma coisa dolorosa machuca ainda mais se a mantivermos calada (...) enquanto que se lhe for permitido escapar (...) a tristeza interior é atenuada". E que devemos entrar em contato com os amigos, meditar sobre o verdadeiro e o bom, e participar de atividades que nos tragam prazer.

"Por mais atraente que possa parecer", escreve Monsenhor Charles Pope, "é um conselho muito bom (...) não somos simplesmente alma, também somos corpo. E nosso corpo e nossa alma interagem e influenciam um ao outro. São Tomás diz: 'tudo o que restaura a natureza corporal ao seu devido estado de movimento vital opõe-se à tristeza e a aplaca' (I. IIae 38.5)."[6]

Depois de ler, voltei à *Suma Teológica* para encontrar aquela citação que me incomodara sobre o amor-próprio: "Portanto, é evidente que o amor desmedido por si mesmo é a causa de todo pecado" (Ia-IIae, 77.4). "Desmedido" é a palavra que eu precisava examinar. Quando o amor-próprio cruza os limites da autoindulgência? Quando desejamos algo desmedidamente. Até mesmo algo que pode ser bom para nós. Trata-se de bom senso, na verdade. Quando queremos tanto algo que estamos dispostos a fazer o que viola a vontade de Deus e/ou a razão humana para obtê-lo, nosso amor-próprio é desmedido. Mas cuidar de mim mesma como uma querida amiga cuidaria, como o faria uma mãe ou pai amoroso – tendo como objetivo nossa saúde, cura e plenitude totais –, é cuidar de mim mesma como Deus deseja.

Avancemos! Continuemos subindo!

Quais eram as suas impressões sobre a história de Davi e Betsabeia antes deste capítulo? Elas mudaram? Leia o início de 2Samuel e veja se você pode encontrar novas percepções.

Estude o diagrama do Apêndice, aquele que São Tomás de Aquino usou para explicar o eu. O que isso lhe diz sobre como somos feitas e quais podem ser as nossas necessidades?

Como você enxergava o autocuidado no passado? Quais são algumas de suas rotinas normais de autocuidado? Quais são algumas das aspirações de autocuidado que você nunca atendeu?

A quais partes de si mesma você menos dá atenção? Que compromisso você pode assumir para se cuidar mais nessa área?

6 Monsenhor Charles Pope, "Five Remedies for Sorrow from Saint Thomas Aquinas", Community in Mission. Disponível em: <http://blog.adw.org/2013/10/five-remedies-for-sorrow-from-st-thomas-aquinas/>.

5 Buscando alegria

Sentidos e sensibilidades

"Ela (...) trabalha com a destreza de suas mãos.
É igual aos navios do mercador,
importa de longe seu pão.
(...) prepara a refeição para sua família."

(Pr 31,13–15)

"Confecciona cobertas para seu uso,
de linho fino e púrpura são seus vestidos."

(Pr 31,22)

"Cinge a cintura com firmeza
e redobra a força de seus braços.
(...)
Abre a mão para o necessitado
e estende o braço ao pobre."

(Pr 31,17, 20)

"Veste-se de fortaleza e dignidade
e sorri para o dia de amanhã.
Abre a boca com sabedoria,
e sua língua ensina bondade."

(Pr 31,25–26)

Na manhã em que partimos para o campo missionário na Costa Rica, quase seis anos atrás, era, para os padrões de qualquer pessoa, meio da madrugada. Por volta das quatro horas da manhã, entramos atabalhoados no aeroporto com cinco garotinhos de olhos sonolentos e doze malas de viagem. Um amigo nosso e seus filhos acompanhavam-nos para prestar auxílio. O primeiro problema que tivemos no check-in foi que a segunda mala para cada pessoa que pensávamos ser gratuita, era, na verdade, cobrada. O segundo problema foi que muitas de nossas malas haviam ultrapassado consideravelmente o peso permitido. O que se sucedeu foi uma loucura que ninguém deveria suportar tão cedo de manhã em um momento tão estressante.

Enquanto abríamos as malas e decidíamos o que deixar para trás, o fato de eu ser a única mulher do grupo tornou-se rapidamente evidente nos itens prioritários que escolhemos. Os homens ergueram um grande e antigo pote de compota Ball em vidro azul, convencidos de que poderia ficar para trás.

– Não – eu disse com firmeza –, isso vai.

Meu marido ergueu a sobrancelha.

– É para o sabão de lavar roupas – expliquei, decidida.

Em seguida, eles retiraram latas de tinta prateadas sem rótulos, que no momento estavam cheias de roupas íntimas infantis.

– Estas podem? – eles questionaram.

Fiz que não com a cabeça. Elas serviriam para utensílios de cozinha e material de arte na área de educação domiciliar.

E assim prosseguiu, aqueles homens erguendo e me mostrando todos os fragmentos de beleza que eu havia selecionado com tanto cuidado, a fim de abrirem espaço em nossa humilde vida nova, e eu negando com a cabeça para que não fossem deixados para trás.

Eu sabia que estávamos partindo para alguns dos meses mais difíceis de nossa vida. Tínhamos de nos adaptar a um novo lugar, uma nova cultura, uma nova língua, um novo clima. Ainda estávamos lamentando tantas perdas nos últimos anos em nossa própria vida, sem mencionar a tristeza de deixar para trás uma comunidade de amigos que nos amava e nos apoiou. Seria tarefa minha fazer aquele lugar parecer um lar para cinco garotinhos desolados e confusos durante a transição, e cuidar do meu próprio coração, além de realizar o trabalho que permitiria ao meu marido fazer com que aquela missão desse certo, a fim de que todos nós pudéssemos em breve apreciar servir às pessoas as quais estávamos indo servir.

Com essa expectativa depositada diretamente sobre os meus ombros, eu sabia que precisava trazer beleza para a tarefa e gerar alegria para a nossa família ao preencher o ambiente com coisas que tivessem aparência, sensação e cheiro adoráveis.

Buscar a beleza é o caminho para buscar a alegria e, como mulheres, somos beneficiadas por dons únicos que nos permitem não apenas aspirar a essa alegria que é um reflexo de nossa aspiração ao céu, mas criar e conceber coisas que são nobres, boas e adoráveis de maneiras únicas e criativas. Nós enxergamos além da busca material pelo simples prazer sensorial almejando a alegria que direciona nossos olhos e corações para o eterno. São João Paulo II identifica a sensibilidade como parte de seu conceito de caráter feminino – os dons únicos que as mulheres trazem ao mundo por sua própria natureza. Embora seu foco residisse na ideia de que as mulheres são capazes de enxergar as necessidades interiores das pessoas e das circunstâncias, indo além da superfície exterior, acredito que também há evidências consideráveis de que parte do dom da sensibilidade é a capacidade das mulheres de saber que a beleza e a criatividade elevam tanto as experiências comuns como as mais profundas alegrias e tristezas da vida a um nível superior, um nível que traz um pouco de esperança eterna para as pessoas ao seu redor. Somos gratas pelo privilégio de estar vivas em um mundo que produz tanta beleza não apenas para agradar aos nossos sentidos, mas para nos infundir verdadeira alegria ao nos aproximar do nosso Criador por meio de Sua criação e da criatividade com a qual Ele nos dotou.

Quando Deus colocou a Eva terminada no Éden, Seu desejo era que ela desfrutasse dos frutos do jardim, dos rios que corriam por ele e dos animais que o habitavam. Tenho certeza de que, em sua nudez e livre da vergonha, ela o fez com o prazer de seus sentidos que aquelas entre nós que vivem em corpos concupiscentes jamais serão capazes de se permitir desfrutar. Eva podia confiar em seus desejos e paixões porque caminhava ao lado de Deus em uma união ininterrupta que a protegia de vivenciar esses prazeres de maneira desordenada, até o momento em que ela escolheu seu próprio desejo acima da vontade de Deus.

Para nós, suas filhas, é verdade que, embora sejamos criadas para almejar a beleza e o desfrute das coisas criadas com nossos sentidos, as paixões e desejos de nossa natureza pecaminosa podem facilmente superar a ordem pela qual esses prazeres devem ser medidos, e podemos nos encontrar, assim como o fez Eva, consumindo coisas que não fomos programadas para consumir ou abusando de maneiras que nos afastam do bem de Deus, em vez de buscá-lo. É esse desregramento de nossas paixões e desejos que transforma em pecado, em vez de proximidade com Deus, nosso natural anseio do Éden por alegria e êxtase de experimentar toda a criação com sagrado anelo.

Essa possibilidade pode nos tornar, como mulheres, com toda a sensibilidade da qual somos dotadas, temerosas dos prazeres de nossos sentidos e impedir nossa busca por alegria e criatividade virtuosas. Tornamo-nos cautelosas com nossa capacidade de apreciar adequadamente as coisas deste mundo, como comida, roupas, compras, a companhia das outras pessoas e até mesmo um bom vinho sem nos questionarmos e sobre onde reside o limiar entre desejar boas coisas para obter alegria e desejá-las ao ponto de nos voltarmos para nós mesmas e nos afastarmos de Deus.

A Igreja tem uma longa história de compreensão da pessoa humana concupiscente e de sua luta em busca da santidade. Ela acredita, com certeza, na necessidade de beleza e coisas agradáveis aos nossos sentidos. Ela dá aos artistas e criativos um lugar de honra em sua história. Mas ela também conhece a tendência de nossa natureza de facilmente descambar para desejos desregrados e escolher prazeres sensoriais no lugar da alegria duradoura que nos conduz ao Céu e, por isso, criou um guia para nos ajudar a transitarmos por nossos sentidos e ordená-los em direção à bondade de Deus. Esse guia consiste das virtudes, seus significados e o incentivo da Igreja para cultivá-las em nossa vida. Quando praticamos – e devemos praticar porque certamente seremos imperfeitas em nossos esforços – as virtudes, aprendemos a manter nossos prazeres sensoriais ordenados em relação a Deus e distantes do mal. A virtude torna-se a medida que nos permite desfrutar livremente da beleza deste mundo que tão naturalmente almejamos; podemos ficar nuas e sem vergonha na medida em que desejamos essas coisas como um caminho para as alegrias terrena e eterna – um anseio que trouxemos conosco quando deixamos o Éden para trás.

Reflexão sobre a alegria e o prazer

No mundo, e às vezes até mesmo na Igreja em que vivemos hoje, as mulheres estão carregando o fardo de uma dicotomia terrivelmente desconcertante – uma mensagem de que devemos nos encolher para sermos menos e ao mesmo tempo nos expandir para sermos mais. Devemos ser mais magras, mas, ao mesmo tempo, devemos comer todas as delícias que nos são apresentadas em mercados, restaurantes e receitas do Pinterest. "Faça todos os cupcakes!", o mundo parece nos dizer, "mas não coma tantos senão você ficará pançuda ou com uma bunda enorme". Dizem-nos para aceitarmos a nossa própria beleza e confiarmos em quem somos e, quase que imediatamente, todos os tipos de técnicas para preencher nossos lábios e alongar nossos cílios tornam-se um frisson nas tendências da moda.

Há verdade no pensamento de que Deus nos projetou para obter prazer no mundo sensorial que Ele criou – para apreciar aquele pedaço de bolo, gostar de seus lábios (ao natural ou realçados com aquele tom certo de vermelho) e saber que não é sua função encolher ou expandir, mas apenas viver uma vida que agrade ao Senhor. Entretanto, *não é verdade* que Deus nos projetou para vivermos a nossa vida física primordialmente para os prazeres sensoriais que podemos experimentar dentro de nosso corpo. Deus nos criou para a alegria. Em um mundo onde muitas mulheres são elogiadas por dizerem a verdade ao serem sinceras sobre as batalhas que enfrentam com seu corpo para depois chegarem à conclusão de que o Deus que as ama quer simplesmente que elas façam as coisas que as fazem sentir-se bem, tal distinção é importante. Reconhecer essa distinção nos permite encontrar o ponto de equilíbrio no qual podemos desfrutar livremente dos prazeres físicos da vida sem a preocupação com nosso corpo feminino que muitas vezes nos atormenta. É a diferença entre desfrutar de uma boa refeição com amigos que nos lembram que Deus está de fato presente em nosso mundo e é bom para nós, e comer tudo o que agrada os nossos sentidos sem quaisquer restrições. A primeira opção nutre nosso corpo e nossa alma, a outra engorda o corpo enquanto definha a alma.

A alegria é um dos dons do Espírito Santo descritos no Livro de Gálatas (5,22–23). Se analisarmos as raízes das palavras *alegria* e *prazer*, encontraremos uma ligeira mas profunda diferença em suas origens. *Alegria* deriva de *gaudere*, que significa "regozijar-se", e seus primeiros usos em inglês foram associados a "fonte de prazer ou deleite", enquanto *prazer* tem sua raiz no latim: *placere* ("agradar ou dar prazer"). Verificamos aqui que a alegria, que nos foi concedida pelo Espírito Santo, é a nossa capacidade de nos regozijarmos na fonte de nosso prazer ou deleite, enquanto que o prazer é meramente o ato de obter satisfação a partir de alguma coisa em um nível sensorial.

Devemos observar a diferença e assimilá-la em nosso coração se quisermos compreender como nosso corpo e nosso espírito se unem em uma entidade integrada que nos direciona para Deus. A santidade não provém de um estoicismo amargo que torce o nariz para as coisas agradáveis deste mundo e nega ao corpo todo e qualquer prazer. Mas também não provém de uma permissão para seguir os desejos do corpo não importa aonde possam nos levar, independentemente da vontade de Deus impressa em nossa alma e representada por nosso intelecto e vontade.

Pensando no diagrama da pessoa humana de nosso Apêndice, o que vemos sobre nossos desejos e paixões é que eles devem nos conduzir a Deus e nos afastar do mal. A inversão dessa ordem é pecado. Alegria é a maneira pela qual o Espírito Santo guia nossas paixões em direção a Deus e as mensura com nosso intelecto e vontade, para que possamos ter confiança enquanto desfrutamos de agradáveis experiências terrenas. Quando o prazer direciona o nosso coração para a fonte desse prazer, Deus, de quem todas as coisas boas provêm, e não simplesmente para os desejos terrenos saciados por algo que produz uma sensação boa, tem boa aparência, cheira bem ou tem um gosto bom, nós experimentamos alegria com a integração de nossos eus físico e espiritual. Deus não nos ordena que vivamos uma vida de privação porque não podemos confiar em nosso corpo, mas que recebamos Dele uma vida de alegria que nos permita usar nosso corpo para nos regozijarmos Nele como fonte de todas as coisas boas.

Certa noite, após lutar contra um forte ataque de ansiedade que me impediu de assistir à missa com a minha família, caí em um daqueles cochilos que nos deixam em dúvida sobre quem somos e onde estamos quando acordamos. Eu havia passado a tarde toda brigando com o Senhor a respeito de uma situação na qual, na minha opinião, Ele deveria ter intercedido e resolvido com facilidade se era verdadeiramente bom, me amava e queria o que era melhor para mim. Debulhei-me em lágrimas e então mergulhei em uma profunda ansiedade que me deixou prostrada por algumas horas. Mas, quando recuperei a plena consciência depois da minha soneca, o primeiro pensamento difuso a atravessar o meu cérebro foi o de como uma fatia de bolo me deixaria feliz. Como eu havia passado meses me alimentando de uma dieta livre de quaisquer grãos, açúcares e carne, foi um pensamento estranho. E como já era fim de tarde de domingo numa área rural da Costa Rica, horário em que quase nada estava aberto, deixei pra lá por considerar a ideia impraticável.

Não muito tempo depois, ouvi os passos do meu pessoal subindo nossos degraus, e meu filho de quinze anos apareceu na minha porta segurando uma pequena caixa de isopor. “Nós compramos uma fatia de bolo para você no caminho da igreja para casa”, ele disse, despreocupadamente. Peguei a fatia de bolo e o fiquei encarando por um instante, maravilhada. E, então, comi cada bocado açucarado sem me importar com minhas restrições dietéticas. Simplesmente aproveitei o que, sem dúvida, era um presente de Deus. Passara grande parte da tarde dizendo-Lhe que tinha certeza de que eu estava envolta em algum tipo de capa de invisibilidade que O tornara incapaz de me enxergar em minha necessidade. Sim, eu adorei o bolo porque era delicioso, cheio de chocolate, coberto de granulado e tinha um sabor para lá de bom. Mas minha satisfação pelo prazer de ter comido o bolo era pouca diante da alegria de saber que eu havia recebido um presente das mãos de Deus para me lembrar de que Ele me vê – mesmo quando minhas maiores e mais difíceis aflições não são resolvidas da forma e no tempo que eu gostaria que fossem.

Talvez todas as nossas experiências de prazer corporal ou sensorial não sejam engendradas pela mão de Deus de forma tão patente quanto minha fatia de bolo de chocolate, mas acredito firmemente que, se formos mulheres de oração e orarmos com frequência ao Espírito Santo, seremos capazes de distinguir a diferença entre coisas que estão nos trazendo prazer terreno e coisas que estão nos trazendo alegria que aproxima nosso coração de Deus. Podemos vir a confiar em nosso corpo se disciplinarmos nosso espírito e "perdermos tempo" com Deus, ou, como me aconselhou um querido mentor espiritual, se pudermos nos deixar ser cortejadas por Deus.

Quando falamos sobre retornar ao instinto do Éden, nossa esperança é alcançarmos um ponto em que possamos permanecer nuas e sem vergonha diante de Deus. Quando se trata de prazer envolvendo comida, bebida, malhação, dança, maquiagem, roupas, decoração de nossas casas, amizades e relacionamentos com o sexo oposto, é uma tarefa difícil percorrer arduamente esse lamaçal com o qual o mundo nublou esse instinto. A vergonha nos é imposta de ambos os lados; tanto a imposição para nos encolhermos como a imposição para nos expandir provocam-nos a sensação de que é impossível agradar a todos e, portanto, impossível agradar a qualquer um, inclusive a Deus.

Mas a verdade é esta: o espírito de Deus está em ação dentro de você e Ele está deixando presentes na porta do seu coração. Um desses presentes é a alegria, aquele que lhe permitirá mensurar seu desejo e se satisfazer apenas com o que O satisfaz. A chave é treinar seu coração para diminuir o ruído mundano e enxergar a vida pelas lentes da eternidade, em vez das nuvens de fumaça da poluição do mundo. Conhecendo melhor o Espírito Santo, você conhecerá melhor a si mesma e, com esse conhecimento, passará a confiar em si própria – e em seu corpo – mais profundamente.

O modo de comer que mencionei anteriormente, que parece contrastar tanto com a minha experiência com o bolo, não é muito diferente na verdade. Sou abençoada por ter uma massagista fantástica e que cobra barato onde vivo, que realmente tem mãos curadoras e um espírito de oração que ela aplica enquanto trabalha a tensão em cada centímetro do meu corpo. Sempre que é hora de virar o rosto para cima durante uma massagem, pergunto ao meu corpo, então calmo e relaxado, o que ele precisa de mim e que não estou lhe dando. Um dia, ele disse, simplesmente: "Nutra-me bem, como se fosse um presente que você está me dando". E, a partir desse momento, deixei de lado a desculpa de que era mais fácil para mim comer o que todo mundo estava comendo, deixei de lado a culpa de precisar de alimentos especiais, deixei de lado a vergonha de como eu havia me alimentado no passado e as inevitáveis recaídas que estariam por vir, e comecei a nutrir o meu corpo com os alimentos que eu sabia que o faziam sentir-se mais saudável e vibrante. É uma alegria servir o café da manhã ao meu pessoal e, em seguida, separar alguns minutos extras para preparar o meu próprio com os ingredientes que meu corpo necessita. Regozijo-me por saber que estou cuidando de mim mesma como Deus cuidou de Eva no jardim.

E, nesses dois momentos, saboreando o bolo de chocolate e comendo uma bela fatia de berinjela coberta com couve refogada e um ovo frito dos dois lados, estou livre da vergonha, sou capaz de ficar nua diante de Deus, sabendo que posso me alegrar de corpo e espírito porque não estou buscando um prazer momentâneo exigido por meus desejos, mas respondendo aos desejos de meu corpo com os dons da criação de Deus da maneira regrada como Ele pretendia que fosse, da maneira que traz alegria a Ele e a mim.

Sem dúvida, cairemos e fracassaremos repetidamente. Este pode muito bem ser o aspecto mais difícil de se viver um relacionamento saudável entre corpo e alma. Mas é muito importante que façamos um esforço para compreender e orar ao Espírito Santo até exaurirmos nossas vozes. Porque conhecer a diferença entre a alegria da alma experimentada no corpo e o prazer corporal que a degrada, é a diferença entre uma vida que consiste numa jornada de volta ao Éden ou uma vida caminhando envergonhada, afastando-se do Paraíso.

Sentindo-se em casa com a mulher de Provérbios 31

Eu intitulei esta seção "Sentindo-se em casa com a mulher de Provérbios 31" por dois motivos: primeiro, porque ela é descrita literalmente como trabalhando em sua casa; em segundo lugar, espero sinceramente que possamos abandonar nosso ceticismo em relação a essa mulher ideal e nos sentir mais em casa com ela. Para muitas mulheres, essa passagem das Escrituras tornou-se uma régua que fornece apenas um resultado – a sensação de ser um completo fracasso como mulher e o pensamento de que, por mais que você se esforce, jamais estará à sua altura.

Primeiro, lembremo-nos de que esta passagem é um conselho da mãe de Lemuel sobre como escolher uma boa esposa. Em vez de encarar a lista apresentada em Provérbios 31 como um checklist obrigatório, talvez a verdade seja que a mãe de Lemuel o estivesse encorajando a enxergar uma série de características que poderiam mostrar a força e a beleza da feminilidade, uma ampla gama de virtudes femininas com que poderia se deparar de forma a poder escolher uma mulher de fibra e verdadeira beleza que complementasse sua própria força e autoridade reais.

A lista oferece uma oportunidade para analisarmos o coração de uma mulher, seu desejo por beleza e virtude, e vislumbrar as várias maneiras pelas quais podemos usar o aspecto criacional de nossa natureza feminina, com a qual fomos dotadas no Éden, para trazer beleza ao nosso mundo. Agora, antes que coloque o pé no freio neste papo para me dizer que você não tem um só osso criativo em seu corpo, e que não há a menor possibilidade de que possa estar à altura da mulher de Provérbios, deixe-me dizer o seguinte: você foi criada à imagem e semelhança de um Deus que constantemente demonstra Sua criatividade em grandeza e majestade, e você mesma é um dos exemplos mais esplêndidos dessa criatividade na história da criação do mundo! O Salmo 139 diz: "Pois tu plasmaste meus rins, tu me tricotastes no seio de minha mãe. Graças te dou pela maneira espantosa como fui feito tão maravilhosamente. Maravilhosas são tuas obras" (Sl 139,13–14). Em primeiro lugar, nosso Deus tricota! Em segundo, ele a tricotou de uma forma tão admirável que, ao olhar para si mesma, você deveria elogiá-lo pelo prodigioso trabalho que você é -- uma maravilha de Seu gênio criativo. Então você tem, de fato, assim como todas nós, um osso criativo em seu corpo. É o osso que Deus pegou na mão e a partir do qual criou você. Sua criatividade pode não parecer a refeição perfeita para o jantar de alguém ou cortinas belamente costuradas, mas eu não conheço uma mulher que não esteja inventando criativamente todos os dias soluções para economizar tempo, dinheiro ou energia, equilibrando os compromissos de sua vida enquanto ainda investe nos outros e acrescenta algo adorável ao mundo ao seu redor. É a criatividade que trazemos para nosso lar e nossa vida, sejamos mulheres casadas ou solteiras, mães de muitos ou sem filhos, mulheres jovens ou – [limpando a garganta] – mulheres mais maduras, trabalhando fora de casa ou dentro dela.

Como mulheres, enfrentamos diariamente o desafio de cumprir nossas responsabilidades – muitas vezes, antes mesmo de o sol raiar –, quando nossos olhos se abrem e nossos cérebros começam a transitar pelos cenários do dia pela frente e as tarefas que nos aguardam, e começamos a dividir o nosso tempo, energia e recursos para lidar com essas responsabilidades com graça, amor e paz. É exatamente isso que a mulher de Provérbios está fazendo com seu tempo quando "levanta-se enquanto ainda é noite". Melhor ainda, se você conseguir reservar um tempinho para conversar com o Senhor, seja de forma breve e doce ou bater um longo papo, você é uma mulher preciosa que sabe que seus dias aqui na Terra são fugazes, que essa montanha de coisas a fazer é temporária, e que sua verdadeira virtude reside na busca pelas coisas eternas. Você vale mais do que qualquer pedra preciosa porque, a cada manhã, lembra-se exatamente Daquele a quem pertence o tesouro que você realmente é.

Agora, vamos falar sobre algumas das coisas criativas que a mulher de Provérbios está de fato fazendo. Antes de tudo, ela está tratando de conseguir comida e preparando-a – coletando coisas de lugares distantes para preparar uma boa refeição para as pessoas em sua casa. Quem de nós não aprecia uma boa refeição? E não valoriza nossas irmãs que têm talento para fazê-lo? Se preparar uma refeição é a maneira criativa com que você cuida dos outros, se montar um cardápio e procurar os ingredientes certos lhe traz alegria e um senso de propósito, você tem muito em comum com a supermulher das Escrituras. Deus lhe deu um talento criativo para desfrutar da comida e de sua preparação. Parte da sua lembrança do Éden é a maravilha das belas coisas que cresciam naquele jardim e como é bom prepará-las, servi-las e comê-las!

A preparação da comida é sem dúvida uma empreitada criativa que exige certa dose de desejo de proporcionar verdadeira alegria. Nenhuma de nós pode negar que questões alimentares e mulheres parecem estar inevitavelmente vinculadas. Mas o prazer da preparação da comida como uma experiência verdadeiramente alegre, livre de vontades ou vícios pouco saudáveis, pode nos trazer satisfação e ser realmente um dom criativo com o qual servimos aos outros e deleitamos a Deus. Portanto, se fazer uma comida deliciosa e nutritiva é o seu talento, mande brasa na preparação, e deixe que apregoem aos quatro cantos a delícia de sua obra.

Eis aqui outro segredinho divertido sobre a nossa superirmã das Escrituras. Ela aprecia roupas! Gosta de possuir boas coisas, de usar boas coisas e de fazer boas coisas – linho fino e púrpura são a sua preferência, indicando, de fato, o equivalente cultural da alta costura. Ela emprega bem seu tempo e recursos, mas na verdade busca com energia criativa as roupas que vestem seu corpo esplendidamente. Embora todas saibamos como é fácil adotar hábitos ruins de consumo, ou gastar recursos de que não dispomos, muitas de nós também conhecem muito bem a sensação de que é egoísta ou não virtuoso desejar boas coisas para nós mesmas. Deus criou Eva nua, por isso, não podemos chamar essa coisa de roupas exatamente de instinto do Éden, mas a alegria que sentimos ao nos deliciarmos com nossa realidade física quando colocamos um lindo vestido "só porque queremos" ou encontramos o jeans perfeitamente ajustado afasta a vergonha que muitas de nós acumulamos em nosso corpo. Descobrimos que podemos desfrutar plenamente desse corpo, do jeito que é neste exato momento, como maravilha da criação. Esse tipo de amor por se sentir bem com a própria aparência, usar seus recursos com sabedoria para procurar o item certo e ter grande prazer quando você o faz é uma alegria inspirada em sua criatividade inata e apreciada por seu Criador, que vê e regozija-se quando você se percebe como maravilhosamente concebida. Jamais se sinta obrigada a esconder seu corpo imperfeito por trás da vergonha de uma folha de figueira feia e com mau caimento!

A mulher descrita em Provérbios 31 é forte, conhece sua própria força, e a emprega para dar vida à sua casa e sua comunidade. Quantas de nós não nos esquecemos de que os dons que utilizamos para trazer amor aos nossos lares ou as maneiras simples de servir nossa comunidade são sinais de nossa força e dignidade, merecedores de louvor? Essa mulher não desenvolveu seus dons criativos, seu amor à beleza e suas aptidões simplesmente para agradar a si própria. Ela irradia beleza para os outros e a usa a serviço deles.

É inegável que cada uma de nós tem algo em comum com essa mulher. Somos todas mulheres fortes que trazem beleza a este mundo de uma forma ou de outra. Talvez possamos adentrar o santuário da casa dessa mulher e colher um pouco de inspiração em vez de indignação com sua criatividade. Talvez então possamos começar a cavar pelas camadas do que quer que seja que esconde nossa própria gema preciosa de talento brilhante e reluzente e oferecê-la ao mundo, em vez de nos escondermos por trás de sentimentos de inadequação, sabendo que criatividade e beleza são a gênese da verdadeira e duradoura alegria quando são oferecidas por um coração puro e humilde.

Nutrindo a nós mesmas com virtude

Em sua grande sabedoria, nossa Igreja nos deu o dom exato de que precisamos para conhecer e compreender a distância entre buscar prazer sensorial no nível de nossas paixões e buscar a verdadeira alegria centrada na beleza das coisas eternas. É o dom que nos permite confiar em nossos instintos criativos e em nosso anseio pela beleza. Chamamos esse dom de "virtude". No sentido aristotélico, uma virtude é expressa como um meio-termo entre dois extremos. Curiosamente, ao invés de serem uma representação extrema de nossa santidade ou busca pela perfeição, as virtudes são aquelas características que trabalhamos para desenvolver em nós mesmas, porque elas nos ancoram diretamente entre o tumulto de nossas paixões, o lugar onde residem nossas emoções e desejos, e o nível mais baixo de nossa alma e nosso intelecto, o lugar onde nossa fé se baseia no pensamento racional. A âncora entre esses dois lugares é verdadeiramente a essência da nossa fé, o lugar onde o que pensamos e o que sabemos e aquilo que a nossa carne anseia encontram a companhia um do outro e um desejo de agradar e obedecer nosso Pai e Criador.

As virtudes são o equilíbrio entre quem Eva era no Éden e quem ela virou depois de provar a maçã. Elas representam o lugar onde nos situamos entre a completa inocência nua e a ocultação pecaminosa de nosso Pai. A virtude é aquele lugar onde Deus nos cobre com Sua proteção, porque nos colocamos onde Ele ainda pode nos alcançar, apesar de nossos pecados, e onde estamos cultivando nosso próprio jardim, que dará bons frutos. É uma evidência do nosso dedo verde espiritual herdado do Éden.

Assim como a mulher de Provérbios 31 não deve se tornar uma régua de tudo o que não somos, a prática da virtude também não deve nos deixar sentir o peso do constante fracasso. Enxergar a virtude como um meio-termo nos permite abraçar um espectro no qual inclinar-se às vezes em direção a um extremo ou outro não é o equivalente a cair de um pedestal que depois ainda desmorona sobre nós. Retornar para onde precisamos estar não requer um esforço total de reconstrução, mas um redirecionamento e deslocamento de volta ao centro, onde experimentamos a liberdade da verdadeira alegria.

Por exemplo, quando falamos da virtude do amor, a maior de todas as virtudes, seu espectro vai do egoísmo em um polo e a autoanulação no outro. A fim de encontrar o equilíbrio no amor, meu esforço é reconhecer para qual polo estou mais propensa a me inclinar e intencionalmente dar passos em direção ao centro. Eu sou uma mulher a quem sem dúvida um pouco mais da virtude de temperança na vida cairia bem. Dos dois polos de ambos os lados da temperança, flexibilidade e rigor, eu tendo a ser muito rigorosa quanto às minhas expectativas sobre mim mesma, os outros e o mundo. Sem entrar em desespero pelo fato de que nunca encontrarei o caminho para a perfeição da temperança, em vez disso posso simplesmente começar a deslocar meu pendor para o meio termo passo a passo, renunciando ao meu desejo de controlar resultados ao alimentar expectativas irreais sobre mim e os outros, e sabendo que cada movimento em direção a esse centro me conduz a novos níveis de crescimento espiritual e plenitude.

Buscar esse tipo de plenitude espiritual reflete-se em nossa realidade corporal e diária. É perceptível em nossa conduta e produz um efeito positivo em nossos relacionamentos. A cada passo em direção à busca intencional de viver as virtudes, tornamo-nos mais plenamente nós mesmas, tanto espiritual quanto fisicamente. Ao fazê-lo, tornamo-nos mais integralmente quem Deus nos criou para ser. Em vez de encarar a busca pela virtude como um jugo de esforço, podemos enxergá-la como um retorno em direção à realidade do Éden, onde não tínhamos motivos para temer a Deus porque éramos como Ele nos projetou para ser. Todo movimento em direção ao equilíbrio da virtude em nossa alma torna-se uma oportunidade de permanecer mais confiantemente nua diante do Senhor, sabendo que Ele se deleitará em ver Sua imagem refletida mais plenamente em nós.

Estar nua diante do Senhor com confiança nos liberta para buscar os dons de criatividade que temos a oferecer, para descobrir a gema preciosa que somos de fato aos olhos de nosso Pai e nos lembra quem deveríamos ser quando Ele nos tricotou célula por célula à Sua própria imagem criativa. Podemos usar esses dons para proporcionar a nós mesmas e aos que estão à nossa volta uma beleza e uma alegria duradouras que exalam o perfume sagrado do Éden por todo o mundo.

A história de Elise

Era fim de 2013. Meu marido estava há um ano e meio em tratamento de um câncer agressivo, recuperando-se de um transplante de medula óssea, quatro meses surreais de hospitalizações e assistência 24 horas por dia, o que exigira que permanecêssemos a três horas de distância de nossos filhos de seis, quatro e dois anos de idade.

O estresse foi suficiente para mudar as coisas profundamente no meu coração, alma e corpo: comecei a ter sonhos estranhos. Eu tinha uma terapeuta tremendamente boa na época. Acomodei-me no consultório dela, descrevendo um sonho.

– Eu estava disfarçada... Era uma espécie de espiã ou agente secreta – contei. – Estávamos indo a uma festa a fantasia, e era extremamente importante que ninguém soubesse quem eu era. Mas, conforme estávamos nos dirigindo para a festa, para o perigo, prendi uma larga tira de couro em volta da minha garganta. Alguém disse: "Isso irá mantê-la segura".

Minha terapeuta esperou e então disse:

– Então, para ficar segura, você separa sua cabeça do seu coração. Para se proteger, você separa sua mente do seu corpo.

A defesa de um ponto de vista em que eu realmente acreditava de repente ficou evidente. É claro que sim. É *óbvio! E há uma boa razão para isso! Nosso corpo e nossos sentimentos nos causam problemas! Nossa mente lutando contra e aniquilando nossos impulsos e sensações confusas são a única maneira de fazermos o que Deus nos convoca a fazer!*

Mas eu confiava nessa terapeuta e sabia que essa crença equivocada tinha que ser trabalhada. Então, certa noite, durante o banho, experimentei seguir timidamente suas instruções, passando óleo perfumado em cada parte do meu corpo e agradecendo.

Obrigada, pernas, por me carregarem por quilômetros, proporcionando-me espaço e contenção para minha dor e desespero. Obrigada, mãos, por descartarem os cateteres de triplo lúmen, limpar a cozinha e também esfregarem as costas de uma criança ou segurarem um bebê contra o corpo. Obrigada, barriga, por se recuperar após três cesáreas, por se esticar para abrigar os meus bebês e depois tornar-se parte de mim novamente, não importa quão frouxa você esteja. Obrigada, seios, por alimentar três seres humanos.

Alguns anos mais tarde, restavam a Chris somente alguns meses de vida. Estávamos em nossas últimas e amargas férias de praia com sua família. Eu estava dando um pequeno passeio sozinha pela praia, refletindo sobre a vida e a dor e o *fiat* de Maria, como Deus permitiu que a salvação do mundo dependesse do livre-arbítrio de uma menina, quão completa sua resposta deveria ser: mental, emocional e profundamente incorporada.

De repente, bateu um vento que percorreu todos os poros da minha pele, arrepiando os pelos do meu corpo, inebriantemente cálido e fresco ao mesmo tempo. Eu levei meus braços ao alto e me senti abraçada – tomando conhecimento da vontade de Deus para cada um de nós. A carícia da brisa ondulando a água; nosso corpo inteiro revestido por essa pele tão extraordinariamente sensível ao toque, à temperatura e à textura; a luz filtrando-se abundantemente através das nuvens e iluminando em tons exagerados de rosa, dourado e púrpura. O momento foi edênico, intenso; nele, eu me entreguei desajeitadamente nos braços de Deus, experimentando a alegria dessa santa sensualidade criada pelo Amante de nossa vida.

Avancemos! Continuemos subindo!

Você já considerou a diferença entre prazeres temporários e alegria duradoura? Que efeito essa ideia pode ter no seu comportamento?

Você tinha uma noção preconcebida da mulher de Provérbios 31 antes de ler este capítulo? Alguma coisa mudou após a leitura?

Quão bem você reconhece seus próprios dons criativos e o valor de trazer beleza e alegria às pessoas ao seu redor? De que formas você pode cavar mais fundo para revelar as gemas de criatividade insuspeitas escondidas dentro de você?

Quais são alguns dos seus pontos fortes como mulher? Como você os utiliza a serviço de sua família e sua comunidade? Que pequeno ato você pode empreender para estender o alcance dessa força?

6 Aceitando a vulnerabilidade

Sexualidade e autodoação

"É que ela [Sara] fora dada em casamento a sete homens, mas o perverso demônio Asmodeu os havia matado antes de se unirem a ela como esposa."

(Tb 3,8)

"E quando estiveres para unir-te a ela, levantai-vos primeiro os dois para orar e suplicar ao Senhor do céu que vos conceda misericórdia e salvação. Não tenhas receio, pois ela te foi destinada desde o princípio, e a ti compete salvá-la. Ela partirá contigo."

(Tb 6,18)

"Os pais se tinham retirado e fechado a porta do quarto. Tobias então se levantou do leito e disse a Sara: 'Levanta-te, irmã! Vamos orar e suplicar a nosso Senhor que nos conceda misericórdia e salvação'. Ela se levantou e os dois puseram-se a orar e suplicar que lhes fosse concedida a salvação."

(Tb 8,4-5)

Como adolescente católica, eu estava profundamente envolvida com grupos de jovens e programas de retiro espiritual, e passei muitas noites ouvindo palestras sobre pureza, prometendo-me grandes recompensas se reservasse meu coração e meu corpo e só desse o presente da intimidade sexual ao homem com quem eu me casasse. Ao contrário de muitos de meus colegas, eu realmente levei tudo isso a sério. Não que eu não tenha enfrentado tentações e me aproximado perigosamente do limite mais vezes do que eu gostaria de admitir, mas, na minha noite de núpcias, meu metafórico presente ainda estava embrulhado e pronto para ser oferecido ao meu marido.

O problema era que meu jovem coração absorvera a mensagem de pureza com o significado de que fazer sexo era ruim e não fazer, bom. Quando me casei, fiquei confusa sobre como mudar essa mentalidade só porque eu estivera na igreja por uma hora em um vestido branco. Apavorava-me a vulnerabilidade que a intimidade sexual exigiria de mim, sendo inexperiente e tendo sentido a necessidade de preservar a mim e meu corpo dos rapazes por todos esses anos. Sentia vergonha das maneiras pelas quais havia falhado em me preservar completamente durante esse período e perguntei-me se meu marido de alguma forma veria as impressões digitais das mãos de outros homens em lugares onde não deveriam estar. Eu era virgem, mas não uma virgem intacta.

Mais tarde, eu descobriria que o abuso sexual sofrido no passado afetara a minha capacidade de estar totalmente aberta à intimidade e experimentar a união física e espiritual profundamente satisfatória que encontramos descrita na “teologia do corpo” de São João Paulo II. Christopher West, em *Boas notícias sobre sexo e casamento*, escreve: “O sexo mais gratificante possível ocorre quando marido e mulher se entregam incondicionalmente um ao outro – e recebem um ao outro – em uma revelação completamente nua e sincera de suas pessoas (o que, em um trecho anterior, ele descreve como a união indivisível entre corpo e alma)".[7]

Em vinte anos de casamento, sem dúvida alguma descobrimos a mecânica física de um relacionamento sexual mutuamente satisfatório. Mas o conceito de autodoação total em níveis físico e espiritual como objetivo da relação sexual no casamento é um conceito que ainda estamos buscando alcançar. Apresenta desafios únicos para cada um de nós; habitamos corpos que anseiam por intimidade e carregam a vergonha do pecado – os deslizes por nossas próprias vontades e os pecados cometidos contra nós pelos outros.

Quer sejamos casadas, solteiras ou religiosas consagradas, estamos trabalhando para atingir o mesmo e desafiador objetivo, a completa rendição de nossa pessoa, completamente nua, carnal ou espiritualmente, para outro alguém. As mulheres casadas entregam-se nessa nudez a seus maridos tanto física como espiritualmente. As mulheres solteiras entregam-se a Deus na nudez de confiar em Seu plano para suas vidas. As mulheres consagradas entregam sua alma a Deus em uma intimidade que reflete o casamento entre homem e mulher, completamente nuas, no sentido espiritual, diante de seu Esposo celestial.

Para todas nós, não importa o estado em que nos encontremos na vida, a chave para poder avançar em direção à vulnerabilidade e ao risco que a entrega exige é a virtude da castidade – uma palavra que muitas vezes é mal interpretada e considerada abstinência da relação sexual, o que não é castidade, mas celibato.

O *Catecismo da Igreja Católica* descreve a castidade da seguinte forma: "Castidade significa a integração bem-sucedida da sexualidade no indivíduo e, portanto, a unidade interior do homem em seu ser físico e espiritual" (*CIC*, 2337). Com

7 WEST, C. *Good News About Sex & Marriage:* Answers to Your Honest Questions About Catholic Teaching (Cincinnati: Servant, 2013), Bottom of Form 97.

essa descrição em mente, podemos considerar o cultivo da castidade um passo obrigatório em direção à nossa identidade do Éden. A castidade abrange a integridade pessoal na qual deveríamos viver na criação, quando não havia separação em nossa identidade de nossos seres físico e espiritual. Existíamos em uma harmonia conosco mesmas que nos permitia viver em plena entrega a Deus. Essa mesma harmonia com o eu é o que permite à mulher casada oferecer-se ao marido em uma nudez física e espiritual integrada, aceitando o convite para consumar a autodoação no abraço conjugal.

Para quase todas as mulheres que conheço, existe um medo em relação ao risco do que esse convite exige delas. Quer tenha sua raiz em algum tipo de abuso ou maus-tratos por um indivíduo ou pela sociedade como um todo, para a maioria de nós, nosso relacionamento com nosso corpo foi prejudicado, o que gerou um instinto inesperado e muitas vezes ignorado de evitar a completa vulnerabilidade como uma forma de autoproteção. As mulheres, em particular, carregam, juntamente com seu compromisso com a virtude da castidade, fardos de vergonha que muitas vezes não são abordados nos nossos relacionamentos, na sociedade e até mesmo na Igreja.

Considerando a sexualidade como autodoação

Em qualquer explanação do ensino católico sobre sexualidade, e mais diretamente no Catecismo da Igreja Católica, você lerá que a nossa sexualidade é destinada a nos trazer alegria e prazer, e essa alegria deriva de oferecermos a nossa sexualidade como um ato de autodoação ou para o Senhor, para aquelas que se encontram solteiras, ou para nossos maridos, para as casadas.

Tendo isso como base do nosso ponto de vista sobre sexualidade, podemos facilmente rejeitar a noção de que a Igreja vê a sexualidade como uma espécie de tabu ou algo a ser encarado com desconfiança ou mesmo desprezo. Enquanto promove a castidade como uma virtude a ser cultivada por todos os cristãos, a Igreja chama o ato sexual entre casais unidos em matrimônio de "honroso e nobre", na medida em que esse ato "promove a autodoação e enriquece os cônjuges com alegria e gratidão" por meio do prazer que obtêm no ato (*CIC*, 2362).

Para mulheres solteiras, o dom de sua casta sexualidade é cultivado nos laços de amizade, imitando os relacionamentos terrenos de Cristo e promovendo a comunidade espiritual no mundo ao nosso redor. Nossa sexualidade é uma dádiva na qual ofertamos a nós mesmas, de corpo e alma, à comunhão espiritual com os outros. De maneira alguma a Igreja sugere que nossa sexualidade deva ser encarada como uma disfunção de nossa alma ou um desejo puramente físico que é vulgar e desconectado de quem Deus nos criou para sermos. Negar a nossa sexualidade como parte integrante de nossa personalidade diminui a nossa capacidade de formar laços de amor com o próximo, como todos somos chamados por Deus a fazer.

Deus nos criou como seres sexuais e não pede que neguemos esse aspecto de nós mesmos por qualquer motivo que seja. No entanto, as mulheres ainda lutam para aceitar a realidade do Éden de sua sexualidade, a verdade de que nosso corpo foi literalmente projetado para o prazer sexual, com um sistema complexo de nervos que formam um órgão cuja única função é intensificar a chance de alcançarmos um clímax sexual satisfatório. Deus realmente queria que as mulheres tivessem experiências sexuais agradáveis!

Sua vontade, no entanto, é que aprendamos a dominar nossa sexualidade por meio de nosso intelecto e vontade, e não que nos rendamos a nossas paixões nos desejos desordenados da luxúria. A mulher que aceita sua sexualidade em uma união saudável de corpo e alma e que vive uma vida de autodoação, conforme exigido pelo estado civil em que no momento se encontra, é uma mulher que pode viver como Eva vivia no Éden, nua e sem vergonha diante de Deus.

Quando, em vez disso, passamos a ser governadas por nossas paixões, e nossa sexualidade é deturpada, passando da doação amorosa a uma atividade egoísta, revivemos o pecado de Eva, escondendo-nos de Deus e percebendo nossa sexualidade como algo a ser encoberto e nossa nudez, como vergonhosa. Thomas Merton afirmou: "Ser desconhecido de Deus é privacidade demais".[8] Particularmente, quando se trata da nossa sexualidade e sua expressão, quando separamos a fisicalidade do dom da espiritualidade a ela inerente, buscamos uma privacidade em relação a Deus, um lugar para nos escondermos de Seus olhos, que é o oposto de quem Ele nos criou para ser e como nos criou para viver.

A virtude da castidade, alicerçada na temperança (a submissão de nossa vontade e intelecto a Deus, em vez de sermos governados por nossas paixões), mantém-nos integradas corpo e alma em nossa sexualidade, tornando-nos capazes de apreciá-la como um dom, em vez de temê-la como uma constante fonte de tentação. É a essência de viver uma vida de autodoação no lugar da perversão da luxúria, um egoísmo sexual que por fim leva à vergonha e à autopreservação, a se esconder de Deus e a viver com medo de que nos tornemos indignas de Seu amor e misericórdia. Pela minha experiência, não há aspecto algum de nossa humanidade mais vulnerável à distorção pelo mundo e suas mensagens do que a nossa sexualidade. E nenhum outro pecado pode nos deixar mais reféns da dúvida sobre a realidade da misericórdia de Deus do que o pecado sexual.

Quer tenhamos ou não alguma vez vivenciado verdadeiro abuso sexual em nossa vida, todas as mulheres são agredidas pelo mundo em relação à nossa natureza sexual. De um lado do espectro, vendem-nos a mentira de que podemos separar

8 MERTON, T. *New Seeds of Contemplation.* Nova York: Norton, 2007.

nosso bem carnal do bem espiritual e simplesmente buscar o que nos traz prazer físico. Por outro lado, contam-nos a mentira de que nosso corpo como é, feito à imagem de nosso Criador, é deformado, elaborado de forma totalmente equivocada, e que, ao modificá-lo, podemos torná-lo mais bonito e desejável. Dizem-nos, de maneiras sutis e não tão sutis assim, que as regras da religião são opressivas para a nossa natureza sexual e que a busca pelo nosso próprio prazer é o que nos trará felicidade. E, na igreja, há um silêncio em torno da sexualidade das mulheres fora da natureza procriadora. Podemos falar sobre fertilidade e a qualidade de nosso muco, mas parece que o mistério do verdadeiro prazer sexual das mulheres e as coisas que nos impedem de experimentá-lo estão ocultos por trás de algum tipo de véu impenetrável.

No que se refere à nossa sexualidade e à vontade de Deus, a nossa cultura repete perpetuamente a pergunta da serpente: "É verdade mesmo que Deus disse...?". Somos violentadas pelas mensagens do mundo e, com demasiada frequência, coniventes com um sentimento de confusão a respeito da nossa sexualidade que conduz – semelhante à forma como o faz o verdadeiro abuso – à vergonha e à autodepreciação do nosso corpo e seus desejos sexuais, e a uma visão de que a nossa fisicalidade deve viver em conflito com a nossa espiritualidade, se quisermos levar a sério a busca pela santidade.

Mas esse é o mundo que mordeu a maçã da árvore e distorceu a bondade de Deus. Ele estende a maçã para nós e nos implora para segui-lo na desintegração do pecado. Ele mente e nos diz que o que Deus realmente deseja para nós é prazer e conhecimento de quem realmente somos, e que podemos encontrar esse conhecimento em nossos desejos e paixões, em vez de na obediência a Deus e Sua vontade em relação a nós.

Não raramente, nosso corpo é o campo de batalha no qual o mundo guerreia por nosso espírito e, não raramente também, sentimos que as cicatrizes deixadas por tais batalhas destroem a nossa capacidade de dar e receber amor intimamente, seja de Deus, dos outros ou de nós mesmas. Nós nos escondemos e fingimos encontrar prazer quando na verdade estamos experimentando uma dor profunda. Nós nos convencemos de que estamos sozinhas nessa dor, distantes demais do alcance da misericórdia de Deus, e machucadas demais para buscar a verdadeira amizade e comunhão com os outros.

Sentimo-nos envergonhadas por parecermos demasiadamente pudicas se perseguirmos a castidade com toda a devoção e igualmente envergonhadas por sermos como Jezebel, se cairmos na armadilha, acreditarmos na mentira e pervertermos nossa verdadeira natureza sexual em algo que não era a intenção de Deus para nós. Diante disso, como podemos nos entregar livremente ao outro, sejam eles nossos maridos no ato sexual ou a Deus e aos outros no amor celibatário?

Uma forma de curar o dano causado à visão que temos de nós mesmas e de nossa sexualidade como mulheres é seguir o caminho de volta para o Éden. Encontraremos a cura para o abuso e para a agressão, e a libertação da guerra que o mundo travou em nosso corpo e em nossa sexualidade, ao nos lembrarmos de Eva, ao voltarmos a aceitar mais uma vez a dependência de Deus, a intimidade e o amor consumado com Ele, e a nudez sem vergonha diante Dele. Essas coisas concretizam-se apenas ao vivermos sob a proteção de Sua santa vontade – a virtude da castidade e tudo o que isso implica para cada uma de nós. Só seremos capazes de aceitar a vulnerabilidade da autodoação em nossos relacionamentos humanos quando a aceitarmos em nosso relacionamento com nosso Deus e Criador.

No quarto de núpcias com Sara

Como um filme épico antigo, a história de Sara e Tobias, encontrada no livro de Tobias, começa com duas cenas de cortar o coração se passando em dois lugares distintos. Primeiro, o santo homem Tobit clama a Deus para lhe conceder a morte porque ele está cego há anos e humilhado pelo fato de sua esposa ter que sustentar a sua família. Ele sofre o fardo dos insultos injustos proferidos contra eles por sua comunidade, e clama ao Senhor que ele prefere morrer a viver mais um dia assim.

Bem longe dali, em outra cidade, a jovem Sara, filha de Ragüel, está em um aposento da casa de seu pai, fazendo uma oração semelhante. Sara sofreu mais uma vez os insultos das criadas da casa de seu pai devido aos seus sete maridos que foram mortos por um demônio na noite de núpcias. Sara é boa e justa e não pode suportar mais um dia de insultos torturantes. Ela, assim como Tobit, implora a Deus para que tire sua vida, para que a remova deste mundo e a liberte de sua dor.

Tobit, sabendo que orou pela morte e acreditando que Deus responde às orações de seus justos, começa a preparar seu jovem filho Tobias para se tornar o chefe de sua família. Ele envia Tobias em uma jornada para reaver um dinheiro que guardou com um membro da família, com instruções para usá-lo para enterrá-lo e cuidar bem de sua mãe. Tobit oferece a seu filho seu último conselho paternal sobre como ser um homem que vive bem e honra a Deus. Ele orienta Tobias a encontrar um homem para acompanhá-lo na jornada. O anjo Rafael assume a forma humana e torna-se o companheiro de viagem de Tobias, cada passo do caminho manobrando as circunstâncias de acordo com a resposta de Deus às orações de Tobit e Sara, ainda a ser revelada.

Tobias e Rafael iniciaram sua jornada há apenas um dia, quando Rafael assume o comando e revela a Tobias que eles passarão a noite na casa de Ragüel, pai de Sara, e que Tobias deve pedir a Sara que se torne sua esposa. Tobias ouvira as histórias; ele sabe sobre os sete maridos que não sobreviveram à primeira noite com Sara.

Rafael dá a Tobias a mais simples das instruções e a mais concreta das promessas. Ele não deve mais pensar no demônio, enxergar Sara em sua gentileza e beleza, e fazer dela sua esposa. Deve primeiro afastar o demônio por meio de um ritual de purificação, depois juntar-se à nova esposa em oração e, então, diz Rafael, Sara será salva do terror que tem vivido e poderá ter uma vida longa com ele. As escrituras nos dizem que, a partir desse momento, Tobias começa a amar Sara e a ficar atraído por ela (Tb 6,16–17).

Tobias chega à casa do pai de Sara e, confiante, pede o direito de casar-se com ela. Ragüel revela a verdade lamentável dos maridos do passado de Sara e encoraja Tobias a dedicar algum tempo para considerar o que ele realmente está pedindo. Tobias, porém, insiste com o pai dela que não deseja perder mais tempo pensando melhor sobre unir-se em matrimônio com Sara.

Não soubemos mais de Sara desde que ela deixou de lado o pensamento de se enforcar e orou para que Deus lhe tirasse a vida. Ela permanece escondida no andar de cima, mas Sara deve ter alguma ideia do que está acontecendo na casa de seu pai neste momento. É a oitava vez que um jovem da linhagem da família de seu pai chega para comer, beber e "conversar com ele". Não há como Sara desconhecer o significado dessa conversa.

Você já orou a Deus por algo e depois observou a situação quase oposta acontecer? Meu coração bate forte pela doce Sara aqui neste momento. É uma dor tão íntima e difícil a que carrega, e aqui, no mesmo dia em que implora a Deus para que a liberte dela por meio da morte, parece que Ele está apenas lançando-a de volta para ela.

Quando sua mãe entra no quarto trazendo as notícias que Sara já sabe, será que Sara sente um aperto na garganta, suas lágrimas estão quentes de raiva de Deus ou da situação em si ou do pai que não recusou esse jovem? Ou será que são direcionadas para si mesma, culpando-se e em profunda confusão sobre a razão de ter sido amaldiçoada por um Deus que afirma que os justos prosperarão? O que a bondade, a obediência, a beleza e a gentileza de Sara lhe trouxeram a esta altura senão dor e vergonha?

Tente imaginar os momentos em que Sara aguarda sozinha naqueles aposentos a chegada de Tobias: o nó no estômago, as batidas aceleradas de seu coração, o frenesi esquizofrênico da conversa com Deus – "Por que não ouviste minha oração?", "Ouviste?", "Será diferente desta vez?", "O que eu devo pensar, fazer, dizer a este pobre homem?", "O que ele fez para merecer isso?", "O que eu fiz para merecer isso?", "Será que algum dia irás me salvar dessa dor, desse horror?"

Todos lá embaixo estão comemorando o contrato de casamento. Comendo, bebendo, refestelando-se. No céu acima, há uma grande misericórdia que flui das promessas que Deus já fez em resposta à sua amada filha Sara. E, no entanto, sozinha naquele quarto, Sara aguarda em total vulnerabilidade, completa nudez emocional, a dor e a tristeza de seu passado e toda a lamentação que ela nunca mereceu pairando pesados no ar ao seu redor.

Eu me pergunto se Sara ficou andando de um lado para o outro de ansiedade enquanto esperava o barulho da celebração diminuir abaixo dela, mordendo o lábio e torcendo as mãos enquanto limpava as lágrimas quentes. Pergunto-me se ela subiu na cama e balançou-se para frente e para trás, como eu geralmente faço quando o pânico aperta a minha garganta e ameaça arrancar o fôlego de mim. Será que desejou ardentemente que se embebedassem tanto a ponto de adormecerem e se esquecerem da coisa toda da noite de núpcias? Será que desejou que sua mãe tivesse permanecido no quarto, selando a porta e a abraçado, mantendo-a segura? Quando a porta de seus aposentos se abriu e Tobias entrou, quão rápido bateu o coração de Sara? Será que ela tentou desviar os olhos do jovem cuja morte tinha certeza de que viria, não querendo enxergar a confiança, a bondade, a beleza que certamente agraciavam suas feições?

Enquanto Sara aguarda a reprise do enredo de sua vida, a dor e o horror que já conhecera muitas vezes, Tobias mantém-se resoluto em obediência para responder às ordens de Deus. Quando ele coloca os elementos de seu ritual estranhamente prescrito sobre as brasas e realiza a oferta, a fuga de Asmodeu, que tanta devastação causou, pode ser sentida no quarto?

Será que Sara aprendeu a senti-lo? Será que estremecera todas as outras noites quando soube que ele estava por perto, ou manteve os olhos bem fechados, esperando que pudesse desejar ou rezar para que ele se fosse? Seu corpo ficou tenso de medo? Ela soube assim que ele se fora que estava feito? Será que contemplou verdadeiramente Tobias pela primeira vez em reconhecimento ao milagre de sua liberdade?

Que belo simbolismo há naquele momento em que Tobias pega na mão de Sara e a faz ficar de pé, levanta-a de seu leito de vergonha, e a conduz nua e vulnerável diante de Deus para orar. Ele invoca o exemplo da criação de Eva para Adão e implora a Deus por misericórdia para si e para sua doce Sara, confiante de que seu amor casto, sua obediência, irão lhes trazer liberdade: "Recebo, como esposa, esta minha irmã. Eu o faço de coração sincero. Digna-te ser misericordioso comigo e com ela, e conceder-nos que envelheçamos juntos" (Tb 8,7).

Enquanto os dois rezam, as mesmas pessoas que momentos antes celebravam com Tobias confiantes enquanto Sara aguardava angustiada no andar de cima agora estão do lado de fora cavando sua sepultura, lamentando sua ingênua segurança de que tudo ficaria bem. Enquanto isso, no Egito, Rafael está aprisionando o demônio Asmodeu e desferindo-lhe seu golpe final. E naquele quarto de núpcias, uma união está sendo consumada, sua própria celebração. Tobias conquistou o coração de Deus com sua obediência e derrotou o demônio que atormentava Sara. A nudez vulnerável de Sara é finalmente e pela primeira vez uma fonte de prazer e amor, em vez de horror, dor e vergonha. O contraste entre as cenas é impressionante.

A história aproxima-se do fim, com a família, curiosa, enviando alguém para dar uma espiada naquele quarto, para buscar o corpo que devem enterrar e para consolar Sara em sua angústia renovada. Então, imagine por um momento o choque e o deleite que inundaram a casa de Ragüel naquela noite, quando a porta se abriu e, à luz das velas tremeluzentes, as formas adormecidas de Sara e Tobias foram reveladas, deitadas em um abraço sereno.

Não sabemos como Sara viveu o restante de seus dias com Tobias, mas sabemos que ela foi recebida na casa dele, em sua família, em sua comunidade com amor, alegria e celebração. Sabemos que a vergonha e a dor que uma vez sentiu em sua nudez anterior foram substituídas por um amor conjugal que não lhe trouxe vergonha ou dor em sua vulnerabilidade, mas uma grande alegria em vez disso. E embora as Escrituras não o denominem como tal, todas nós que conhecemos essa dor, juntamente com Sara, podemos chamar isso de uma cura milagrosa.

Aceitando a vulnerabilidade

Na história de Tobias e Sara, são dados muitos detalhes e atenção à forma como Tobias é capaz de derrotar o demônio Asmodeu, superando seu medo, seguindo obedientemente os conselhos e ordens de Rafael, e amando Sara com um amor casto. Poucos detalhes nos são fornecidos sobre o que realmente ocorre na mente e no coração de Sara com exceção da dolorosa oração implorando por sua própria morte e das lágrimas quentes que derrama ao se deparar com a nova possibilidade de experimentar a dor que a dilacerou.

De modo muito semelhante, o trabalho produzido pela Igreja sobre a sexualidade humana nos anos mais recentes baseado na "teologia do corpo" tende a se focar profundamente em dois aspectos: o dever dos homens de vencer suas tentações de egoísmo, luxúria e fornicação a fim de abraçar o amor autodoador que é verdadeiramente vivificante no casamento, e a responsabilidade do casal de respeitar o aspecto reprodutivo do amor sexual de acordo com os ensinamentos da Igreja para que suas relações possam ser vivificantes no sentido mais verdadeiro.

Há uma pressuposição implícita de que o papel da mulher casada é oferecer seu corpo como receptáculo do amor autodoador de seu marido, encarar o sexo como um dom do eu e, contanto que consigam se conformar em tornar esse dom completo evitando a contracepção artificial, tudo deve ficar bem, especialmente se essa intimidade resultar em concepção.

No entanto, quando as mulheres começam a contar as suas histórias e damos uma boa analisada nas estatísticas, a realidade é que poucas mulheres conseguem aceitar sua sexualidade livres dos efeitos de algum tipo de abuso.[9] Se considerarmos ainda sobreviventes de abuso sexual infantil, mulheres que foram abusadas ou agredidas emocional ou verbalmente, as que foram criadas em famílias afetadas pelo alcoolismo, ou que sofreram codependência ou negligência emocional, a dura verdade é que poucas mulheres entram na idade adulta sem cicatrizes marcando sua experiência de sexualidade e intimidade nos relacionamentos.

Vivemos em um mundo cheio de bláblábla sobre as mulheres e o que significa ser sexy e desejável, a maior parte promovendo um padrão que inerentemente rejeitamos como

---

9 RABIN, R. C. "Nearly 1 in 5 Women in U.S. Survey Say They Have been Sexually Assaulted." *The New York Times*, 14 dez. 2011.

ridículo, mas que ainda carregamos dentro de nós como uma acusação de inadequação. Ficamos imaginando se podemos acreditar que Deus realmente olhou para o nosso corpo feminino nu e o chamou de bom. Dentro da cultura da Igreja, em tentativas sinceras, mas equivocadas, de nos encorajar a buscar a castidade e a pureza em nossa juventude, muitas de nós experimentam uma doutrinação inversa de que nosso corpo é ruim e deve ser encarado com desconfiança.

O resultado é o silêncio na Igreja sobre uma realidade muito difundida sobre a sexualidade humana: as mulheres frequentemente carregam uma vergonha e um medo debilitantes da vulnerabilidade e intimidade necessárias para um relacionamento sexual verdadeiramente saudável. Enquanto muitos homens precisam superar o egoísmo sexual que o mundo incutiu em seus corações para aprender a se entregar em amor autodoador às suas esposas, muitas esposas lutam para se ver como um presente digno de ser dado a seus maridos em vez de uma vergonhosa e inaceitável imitação do que uma mulher verdadeiramente deveria ser.

Para onde vamos, então, como mulheres, para nos curarmos, para reconhecermos nossas feridas e mágoas, para expressá-las com segurança, e encontrarmos nosso caminho para a plenitude? Primeiro, precisamos encontrar umas às outras. Precisamos saber que não estamos sozinhas nas dificuldades que enfrentamos quando o assunto é intimidade e vulnerabilidade. A única maneira de sabermos isso é conhecendo outras mulheres que também vivenciaram isso. Com demasiada frequência, silenciamos o debate por medo de sermos lascivas ou escandalosas. Quero dizer, mulheres santas não ficam por aí conversando sobre sexo, a menos que estejam em preparação para o casamento ou em aulas de planejamento familiar natural, certo? Até ficarem. Porque nós devemos fazer isso. Sem a segurança de outras mulheres trilhando esse caminho conosco para nos aliviar do medo de estarmos totalmente sozinhas em nossos receios, dores e até mesmo prazer selvagem de nossa própria sexualidade, a vergonha pode se enraizar tão profundamente em nós que a intimidade sexual com que Deus nos presenteou para trazer-nos alegria torna-se um fardo, um peso que está longe de ser leve.

Precisamos de mulheres francas que se empenhem sinceramente em cumprir a vontade de Deus de conduzir umas às outras ao seu amor consumado e compassivo. Não há dúvida de que precisamos de um contrapeso à noção de liberdade e liberação sexual, da segurança para perseguirmos nossas paixões, que o mundo, mesmo o mundo cristão em geral, teima em nos oferecer. Podemos ser esse contrapeso umas para as outras. Na certeza de que não estamos sozinhas, também podemos lembrar umas às outras que Deus, na verdade, deseja que experimentemos o bem inerente à nossa sexualidade e o prazer maior que advém do sexo conjugal na liberdade da completa autodoação.

Muitas das mulheres que tentam sinceramente viver a profunda vulnerabilidade que a Igreja com razão nos pede na intimidade conjugal estão secretamente perguntando-se o que há de errado conosco que parecemos não conseguir fazer isso direito a fim de acharmos tão prazeroso como deveria ser, sobrecarregando a nós mesmas com vergonha e insegurança baseadas em feridas arraigadas tão profundamente que nem nos lembramos de onde elas vieram. Outra grande parcela de nós sabe exatamente de onde se origina nossa vergonha; somos impedidas de concretizar o verdadeiro amor autodoador devido à nossa incapacidade de recebermos plenamente a misericórdia de Deus e perdoarmos a nós mesmas por nosso próprio pecado sexual anterior ou encontrarmos um caminho para a cura de abusos passados.

Se quisermos descobrir um meio de curar essas feridas e realmente sermos capazes de aceitar a vulnerabilidade necessária para ficarmos totalmente nuas, física e emocionalmente, diante de nossos maridos e conhecer o amor sexual sem vergonha, devemos reconhecê-las e ter a coragem de procurar ajuda e misericórdia, para encontrar uma forma de nos reconhecermos como o presente sem mácula que somos e não parte presente, parte feiura que devemos esconder e garantir que nunca seja descoberta.

É aqui que cultivar o instinto do Éden em tantos outros aspectos da vida torna-se vital. Se pudermos começar a encontrar o caminho de volta para Eva na maneira como vivemos nossa vida com virtude e criatividade, na maneira como praticamos o autocuidado, na maneira como buscamos misericórdia e graça na Igreja, então, o caminho está traçado para contarmos umas com as outras para apoio e nos conduzirmos de volta à mão curadora de Deus. Precisamos retornar à nossa nudez física de fato, a fim de enxergarmos a vulnerabilidade sexual com novos olhos, olhos que apreciam a nossa capacidade de nos doar completamente e experimentar o êxtase do abraço conjugal com confiança renovada, porque sabemos que fomos criadas como um dom para a alegria dessa intimidade. A graça e a misericórdia podem nos trazer de volta a essa consciência.

A castidade é o caminho que nos mantém seguindo em direção a uma sexualidade saudável. Entretanto, em última análise, poucas mulheres entram na intimidade sexual do casamento sem alguma cicatriz em suas almas, o que torna a castidade conjugal íntima da total autodoação perigosa e dolorosa para elas. Precisamos de um caminho que nos guie para longe dessa confusão, de volta aos lugares em que precisamos ser amparadas por Deus, curadas de nossas feridas, onde alcancemos misericórdia e obtenhamos permissão para aceitá-

-las. É um caminho que parte do caos sexual do mundo de hoje à simplicidade da vida do Éden, onde a vulnerabilidade era o estado em que fomos concebidas e no qual era esperado que vivêssemos, não uma fraqueza para temermos, e não havia vergonha para ocultar a nudez na confusão e na dor. Um caminho que nos permita, então, oferecê-la como um presente aos nossos maridos, porque aprendemos em primeiro lugar a enxergá-la como presente para nós mesmas.

Não há dúvida de que Deus projetou os seres humanos para experimentarem alegria e prazer na intimidade sexual. Não há dúvida de que Ele deseja isso para suas filhas. Existe graça abundante para eliminarmos qualquer dúvida que *nós* possamos ter, e abrirmos nosso coração para ver os presentes que realmente somos e oferecê-los livremente e sem reservas aos homens que amamos. Esta é a amorosa vontade de nosso Deus para nós, e podemos aceitá-la abraçando umas às outras e caminhando juntas em direção à verdadeira liberdade sexual em Cristo, liberdade de toda vergonha, liberdade que abraça a beleza da intimidade sexual dada como um presente para os nossos amados do nosso Amado. E se os homens que nos amam também estiverem atendendo a esse chamado, bem, só podemos esperar que um dia, além do prazer físico mecânico do sexo alcancemos um novo patamar de satisfação, à medida que a nossa aceitação se torna, como estava destinado a ser, um reflexo da doação total de Deus a nós em amor consumado.

A história de Judy

"Com meu corpo eu venero a ti (...) Em nome do Pai, e do Filho, e do Espírito Santo."

— Votos matrimoniais, *Livro de Oração Comum Anglicano*

"Ofereçais os vossos corpos como sacrifício vivo, santo, agradável a Deus. Este é o vosso culto espiritual."

(Rm 12,1)

Minha ideia de intimidade física em um segundo casamento era fechar as cortinas, apagar as luzes e manter os olhos bem cerrados. Afinal, eu tinha um milhão de razões para me esconder. Eu era uma viúva de 52 anos, com uma barriga flácida, varizes e seios estriados – as recompensas dos cinco filhos que eu havia carregado e amamentado com amor. Pensar em revelar meu corpo a Mark me fazia estremecer ligeiramente, e imaginei que poupá-lo dessa visão poderia na verdade ser um ato de compaixão.

Meu precioso novo marido, no entanto, que nunca havia sido casado nem se deitara com uma mulher, tinha uma noção diferente. Jamais me esquecerei das primeiras vezes em que fizemos amor e como eu, sendo aquela com experiência, cautelosamente instruía-o que as pessoas mantinham os olhos fechados durante o sexo.

"Por que elas iriam querer fazer isso?", ele questionou com surpresa genuína. "Eu quero olhar nos seus olhos e contemplar o seu belo corpo. Parece-me que é uma parte importante do prazer do sexo."

Droga, pensei. *Isso não vai ser fácil.*

Meu corpo sempre fora uma fonte de profunda vergonha para mim, resultado do abuso sexual na infância, sete irmãos sob cujo olhar eu era constantemente considerada "gorda" (mesmo sendo magra como um palito na época) e uma vida inteira de relacionamentos nocivos com homens que alimentaram a crença de que meu corpo é imperfeito e precisa melhorar. Verdade seja dita, nunca me senti confortável em um maiô nos meus melhores dias e não houve uma ocasião sequer na minha vida desde que entrei na puberdade em que não estivesse tentando perder peso.

"Você quer contemplar a minha beleza?", eu perguntei, rindo com tamanha intensidade ante a sugestão que lágrimas literalmente rolaram pelo meu rosto. Mas tentar desviar o foco com humor não podia esconder o medo que eu tinha de me expor.

Não querendo ceder quanto a deixar acender as luzes, concordei apenas com velas, imaginando que suas chamas suaves pelo menos manteriam meu corpo envolto em sombras. Mas, com o passar do tempo, conforme fui aprendendo a confiar no amor de Mark por mim e uma intimidade mais profunda cresceu entre nós, olhar nos olhos dele durante a união conjugal – e permitir que ele me visse – passou a proporcionar alegria e prazer cativantes. Em vez de uma ocasião para me esconder, comecei a experimentar a intimidade sexual como um momento de total entrega, e o meu corpo nu diante do meu amado como uma expressão do desnudamento de almas que ocorria dentro e fora do quarto sempre que Mark e eu estávamos juntos.

Cheguei até a ouvir a mim mesma exclamar algumas vezes enquanto me olhava no espelho: "Nossa, como estou linda!".

Tal é o poder do amor de nos curar.

Curiosamente, a palavra *vulnerável* vem do termo em latim *vulnerare*, que significa machucar, magoar ou ferir. Quantas de nós não empalidecemos diante da vulnerabilidade justamente porque fomos feridas de incontáveis formas por flechas flamejantes que nos deixaram queimadas e expostas? Mas vulnerabilidade também implica abertura, receptividade e entrega: as mesmas qualidades que tornam possível que duas pessoas tornem-se uma só carne e que a união íntima concebida por Deus converta-se num canal terreno da antecipação do Céu.

Avancemos! Continuemos subindo!

Qual tem sido sua definição pessoal de castidade até agora? Alguma coisa que você leu no capítulo ampliou ou mudou essa definição?

Se você nunca leu o livro de Tobias na Bíblia, tente separar um tempo para fazê-lo. Reflita sobre a natureza épica da história desde os primeiros momentos das orações separadas de Tobit e Sara até a jornada que as une e o resultado final. O que essa história pode ensinar sobre Deus, sua própria vulnerabilidade diante Dele e a Sua lealdade às nossas orações?

Você acha a vulnerabilidade e a intimidade no sentido físico ou emocional difícil? Você já examinou quais feridas em sua vida podem ter levado a essa dificuldade? Você já procurou aconselhamento para curar essas feridas? Caso contrário, considere procurar ajuda profissional, espiritual e/ou psicológica. Ore por coragem para permitir a si mesma curar-se.

Você tem um relacionamento íntimo com amigas com quem pode compartilhar suas histórias sinceramente? Você evitou o tema da sexualidade com essas amigas de confiança? Considere se pode haver uma maneira apropriada de abordar esse tópico e permitir que as mulheres de sua vida contem suas histórias e libertem-se da vergonha de se esconderem sabendo que não estão sozinhas.

7 Fidelidade na carne

Sofrimento e rendição

"A rival a magoava continuamente, humilhando-a pelo fato de o SENHOR a ter tornado estéril. E assim ele fazia todos os anos. Mas cada vez que Ana subia à casa do SENHOR, a outra a magoava da mesma maneira; ela chorava e não conseguia alimentar-se."

(1Sm 1,6–7)

"Ana lhe respondeu dizendo: 'Não é isto, meu senhor! Sou apenas uma mulher desesperada. Não tomei vinho nem outra bebida inebriante; só desafoguei meu coração na presença do SENHOR. Não me trates como vadia, pois foi pelo excesso da minha dor e mágoa que falei até agora'."

(1Sm 1,15–16)

"'É por este menino que eu então rezei, e o SENHOR atendeu o pedido que lhe fiz. Por minha vez, eu o entrego ao SENHOR; enquanto ele viver seja entregue ao SENHOR'. E prostraram-se ali diante do SENHOR."

(1Sm 1,27–28)

O dia em que enterrei meu filho, um menininho de três meses que morreu durante o sono – o sexto menino nascido de meu marido e de mim – foi sem dúvida o dia mais difícil da minha vida até aquele momento. E, no entanto, desenvolvi um plano para homenagear a ocasião. Depois que as orações do enterro foram realizadas, seguimos o pequeno caixão até o local de descanso final, chorando imersos em nosso sofrimento e vendo os homens deslizarem-no para dentro, fecharem o espaço e colocarem o pesado mármore de volta sobre ele, marcando o derradeiro ato da vida terrena do meu pequeno Bryce. Então, virei-me para nossa família e amigos e, em meio às lágrimas, expliquei que, embora nunca fôssemos comemorar os aniversários que imaginamos enquanto aguardávamos o seu nascimento e depois segurávamos aquele menininho nos braços, naquele dia, mesmo sofrendo tanto por sua perda, nós celebraríamos sua gloriosa entrada no céu. Uma amiga que me ajudara a preparar o meu plano adiantou-se com um grande buquê arco-íris de balões de hélio e entregou um a cada um dos presentes. Eu puxei o coro e, juntos, todos cantamos "Parabéns pra você" para o meu filho, que havia nascido na presença celestial do Senhor. Então, soltamos aqueles balões e os observamos flutuar no céu azul e limpo de setembro, um sinal de alegria, uma oferta do meu pequeno ao Senhor, mesmo quando meu coração se partia de tristeza. Há uma foto daquele momento, tirada por uma amiga querida, do meu filho mais novo, que mal completara dois anos, apertando a corda do balão com duas mãos rechonchudas prontas para soltá-lo, com um sorriso largo de animação estampado no rosto. Está registrada para sempre em minha mente como um exemplo do que significa confiar em Deus com uma fé infantil. Embora eu não pense nem por um momento que Deus tenha se ofendido com o meu coração magoado e despedaçado, acho que Ele desejou que eu soubesse que a alegria no rosto do meu doce menino era uma resposta igualmente verdadeira ao nosso sofrimento, não um desconhecimento de criança, mas uma inocência infantil que confiava completamente que ele poderia se aferrar àquele momento de celebração em meio ao sofrimento e vivê-lo plenamente, apreciá-lo e deixá-lo partir junto com o seu balão vermelho.

Quando passamos da glória da história da criação, atravessando a dor da queda, até a épica história da redenção, a pergunta que fica para nós no fim de tudo é a relativa ao sofrimento. O que devemos fazer com nós mesmos quando este mundo fora do Éden parte nosso coração, tira de nós as coisas que mais amamos ou nos nega as coisas que mais desejamos? O que devemos fazer quando nosso corpo nos decepciona ou o mundo físico agride com dor? Quando o sofrimento da nossa existência terrena torna-se uma crise espiritual, uma questão da qual parece que nunca conseguimos obter paz, não importa o quanto imploremos ao nosso Deus, como devemos seguir em frente?

Existem inúmeros exemplos de mulheres na Bíblia que sofreram enormes perdas, grande dor e buscaram a Deus por respostas e alívio. Na linhagem de mulheres da minha própria família, há uma avó que enterrou dois filhos e dois maridos antes de sucumbir ao câncer. Minha própria mãe enterrou um marido e um filho. Uma irmã enterrou um bebê nascido prematuro. A perda do meu próprio filho foi seguida por quatro abortos. E, então, há as histórias de amigas e conhecidas: jovens mães lutando contra o câncer de mama e deixando cinco filhos pequenos para trás; infertilidade e infidelidade no casamento; abuso; estupro; adoções fracassadas; crianças que crescem e vêm a se tornar viciadas, sofrer de doença mental, cometer suicídio.

Ainda assim, reiteradamente, testemunho mulheres carregando suas dores, levantando-se, seguindo em frente e, de alguma forma, em meio a todas as suas batalhas e questionamentos e a profunda dúvida de que Deus possa ser quem Ele diz ser, confiando n'Ele o bastante para ainda sentirem esperança, não apenas pelo Céu, mas por suas vidas deste lado do Céu. Com nossa vida do Éden arruinada, e o sofrimento e a morte que nunca estaríamos destinadas a conhecer sempre batendo à nossa porta, ainda assim nossos seres encarnados encontram o caminho de volta à esperança em meio ao sofrimento. Ainda assim, encontramos uma maneira de olhar para o corpo e o sangue de nosso Redentor, nosso Deus feito homem, que sofre conosco e por nós, e acredita que há valor em nossa dor. Ainda assim, transitamos de nossa fragilidade a uma sensação de plenitude que só vem com a oferta sagrada de nós mesmas a Deus e confiamos na Sua misericórdia mesmo nos dias mais tenebrosos.

Considerando o sofrimento

Não há um único ser humano sequer que, tendo vivido até a idade da razão, não admitiria que o sofrimento é parte inevitável de nossa vida terrena. E, no entanto, para o cristão, há uma importância na questão do sofrimento e seu significado que vai além de sua mera inevitabilidade. Sabemos que o sofrimento e a morte não existiam no Éden e entraram no mundo por meio da queda. Sabemos que recebemos a promessa de que no Céu eles não mais existirão. E, no entanto, aqui estamos nós na Terra, enfrentando-os diariamente. Mas se cremos na encarnação de nosso Deus no corpo de Seu Filho, que viveu e respirou como homem aqui na Terra, e afirmamos que a possibilidade de nossa redenção do pecado e a esperança da vida eterna residem em sua crucificação, morte e ressurreição, então devemos aceitar a realidade de que o sofrimento pode também ter uma natureza redentora para nós como seres encarnados.

Não creio que exista um dilema espiritual mais universal entre os cristãos do que sobre como devemos lidar com o sofrimento: como explicá-lo, como encontrar significado nele, como entender qual é o propósito de Deus para nós com ele e como lidar bem com ele. Morte e sofrimento são os grandes mistérios da nossa fé que nos atormentam com questionamentos e dúvidas com mais frequência do que qualquer outro mistério de Deus. Muitas más interpretações a respeito do sofrimento estão por trás de nossa confusão.

Ouvimos dizer que Deus não causa ou deseja nosso sofrimento e, ainda assim, lemos uma citação atrás da outra dos santos da Igreja que imploram a Deus que adie sua morte para prolongar seu sofrimento por Ele. Embora possamos atribuir isso a uma época e local em que o sofrimento era compreendido de maneira diferente do que é hoje, eu também poderia citar um monte de artigos e postagens de blogs cristãos recentemente escritos que afirmam sutilmente e mesmo de forma não tão sutil que Deus provoca o nosso sofrimento para que Ele possa nos purificar e tornar-nos santificados.

Uma coisa é certa: nada nesta terra torna mais evidente que vivemos uma existência física e espiritual conectadas do que as realidades do sofrimento e da morte. No entanto, equivocamo-nos ao acreditar que Deus deseja que busquemos sofrimento para que possamos alcançar a santidade. Em sua condição ideal na criação, Deus dotou o homem e a mulher de imunidade ao sofrimento e à morte. A escolha deles de dar as costas ao amor que Ele lhes ofereceu no Éden trouxe o pecado e a morte ao mundo.

Deus poderia ter escolhido com justiça deixar a humanidade sofrer e morrer sem esperança futura. Ou Ele poderia ter escolhido simplesmente oferecer misericórdia à humanidade e reparação pelo pecado por meio de nenhuma ação tangível, uma mudança espiritual oculta que devolveria a humanidade ao seu estado do Éden. Mas o Deus que nos ama incondicionalmente deseja que, em troca, amemo-Lo incondicionalmente. Para abrir um caminho de volta ao Éden para nós em nossa natureza pecaminosa, Ele escolheu enviar seu Filho para compartilhar a nossa forma humana e sofrer a reparação exigida por nosso pecado para restaurar-nos a esperança de voltar a viver eternamente com Ele em nosso estado original.

Ao imbuir os inevitáveis sofrimento e morte que enfrentaremos como seres humanos de uma qualidade redentora, Deus nos oferece uma nova esperança – de que, ao unirmos nosso sofrimento ao Dele, possamos criar a comunhão de amor relacional com Ele pela qual anseia nosso instinto do Éden, e que possamos gerar algo de bom neste mundo decaído vivendo à Sua imagem e semelhança, inclusive aceitando as cruzes que encontramos em nossa vida.

Nosso Deus todo-amoroso não deseja que busquemos o sofrimento para nos tornarmos santificados, mas deseja, sim, que nos entreguemos a Ele em nosso sofrimento, para que, em nossa fragilidade, Sua misericórdia possa tornar-nos íntegros novamente. Ao sermos dilacerados pelo sofrimento, é-nos oferecida a oportunidade de permitir que essas feridas abertas sejam preenchidas com a misericórdia e compaixão de nosso Deus, e nas profundezas dessa misericórdia sejamos levados a amá-Lo mais fervorosamente. Render-se ao sofrimento é o caminho que percorremos de trás pra frente em meio à dor da queda em direção à vida do Éden.

Como mulheres, somos profundamente afetadas nos aspectos de nossa natureza feminina agraciada por Deus – os aspectos relacionais, criacionais e encarnacionais de nosso ser – pelo sofrimento ao qual somos submetidas nesta vida. Não há como negar que o nosso corpo suporta essa dor de uma forma exclusivamente feminina, da miríade de dores envolvidas em nossa capacidade de procriação, à dor física e emocional que nosso corpo pode nos causar, à fragilidade que resulta e transpira de nossos relacionamentos. O sofrimento das mulheres é, de fato, exclusivamente feminino. E nossa capacidade de enxergar as fissuras e as cicatrizes que ele nos deixa como parte do nosso inigualável encanto que nos conduz a uma comunhão mais profunda com nosso Deus é muitas vezes ofuscada pela dor de percebemos a nós mesmas como fracassos, seja pelo fato de estarmos sofrendo, ou porque acreditamos que estamos sofrendo de maneira excessiva ou da forma errada – de que não estamos nos tornando suficientemente santificadas em nossa dor.

Recentemente, ao enfrentar um longo período de dor emocional em minha vida, pus-me a questionar Deus sobre o meu sofrimento. "Eu estou me afogando", gritei, "E onde está você? Por que não vem me resgatar? Tudo o que ouço são as vozes de todos esses especialistas que permanecem em seus portos seguros e gritam conselhos para mim sobre como me salvar. Quem vai entrar na água comigo e me arrastar para a segurança senão você?" Se você se recorda de um capítulo anterior, afogamento é uma lembrança particularmente desencadeadora de ansiedade para mim, então, foi com um coração verdadeiramente angustiado que implorei ao Pai nesta oração. Sentindo minha respiração acelerada, esperei por uma resposta que me aliviasse desse fardo de dor que parecia insuperável. E, de forma silenciosa e simples, a voz de Deus veio com a resposta: "Mas e se eu for o mar, meu amor?".

Passei longos meses pensando no significado dessa resposta, na qual Deus ofereceu-me a oportunidade de enxergar tudo contra o que eu estava lutando – minha dor, as dolorosas marcas da minha infância, minhas perdas, as mortes que traumatizaram minha vida, as dificuldades em meus relacionamentos – como uma oportunidade de parar de lutar para manter a cabeça acima das águas que eu considerava tão ameaçadoras e, em vez disso, deixar para lá, parar de me debater e confiar que Ele me sustentaria, fazendo-me boiar na superfície, permitindo que eu respirasse com facilidade.

Alguns de nós nos encontramos nas águas revoltas do oceano porque mergulhamos de cabeça por meio do pecado. Outras vezes nos vemos atirados fora de um barco que pensávamos estar seguindo um curso em conformidade com a vontade de Deus. Para muitos de nós, a vida nos lança uma combinação de circunstâncias que nos deixam incapazes de distinguir exatamente como as gotas de água se tornaram um mar grande o suficiente para nos tragar em sofrimento e dor.

No entanto, para todos, especialmente para nós, mulheres, que podem ter tanta dificuldade em enxergar o nosso sofrimento como digno para Deus, essa imagem de sermos sustentados pelas mesmas águas nas quais temos medo de nos afogar é uma metáfora muito poderosa da misericórdia de Deus e do que Ele quer que façamos com o nosso sofrimento. Não precisamos saber como o oceano se encheu, nem nos tornarmos excelentes nadadores para escapar de sua ameaça, nem nos debatermos até a exaustão esperando ser notados e salvos. Tudo o que precisamos fazer é boiarmos de costas na água e nos entregarmos à misericórdia e compaixão infinitas de Deus, confiando que, não importa quão pesados, quão pecadores, quão tristes, quão cheios de dúvidas, quão zangados estejamos, Ele pode nos sustentar. Ele pode impedir que nos afoguemos. Pode nos manter respirando.

O tipo de sofrimento que nos santifica, que nos permite ser participantes do amor redentor de Cristo, não é a perfeição de *como* sofremos, nem a aceitação de *por que* sofremos, mas uma entrega ao amor do Pai, uma oferta da nossa fragilidade e dor como amor retribuído ao Deus que ofereceu Sua fragilidade e dor como amor por nós.

Como mulheres, temos dores únicas baseadas na maneira como carregamos a imagem de Deus em nossa forma feminina. Imagine, então, o grande deleite que é para Ele quando, em vez de tentar forjar essa dor em algo digno de Lhe oferecer, simplesmente oferecemo-nos plenamente a Ele, com dor e tudo, e confiamos que Seu amor nos envolva, nos sustente e nos mantenha respirando até retornarmos ao Éden, ao paraíso eterno onde Ele nos espera com o mesmo anseio que esperamos por uma vida sem dor, sofrimento ou morte.

No templo com Ana

Nas Escrituras, a experiência de dor mais recorrente para uma mulher é ser estéril ou incapaz de gerar filhos, e a evidência mais alegre da fidelidade de Deus é quando essa mulher é finalmente agraciada com uma criança. É tão recorrente que podemos passar a enxergá-la como uma metáfora para qualquer dor e perda que enfrentamos como mulheres, e qualquer que seja a forma como o Senhor traz vida onde a esterilidade nos assola e fecunda nossa vida.

Ana, personagem-chave no primeiro livro de Samuel, é uma mulher que está carregando o profundo sofrimento de não poder gerar filhos. Ela sofreu por tanto tempo e sua dor tornou-se tão intensa que ela é incapaz de expressá-la verbalmente quando questionada pelo marido sobre a causa de sua tristeza. Ela não tem mais palavras. Ela não consegue mais comer ou beber, sua dor é tão abrangente que o mero pensamento de satisfazer sua necessidade mais básica de alimentação exige demais dela.

Se você ou alguém que conhece já teve depressão, os sintomas a seguir parecerão assustadoramente familiares para você. Encolher-se em si mesmo, sem condição de expressar a profundidade de sua dor e tristeza, e desistir de se comunicar são indicadores de depressão, assim como a incapacidade de lembrar como executar as tarefas diárias mais básicas. Se você já passou por isso ou consegue facilmente se imaginar sendo engolfado a tal ponto por uma dor que tem carregado em sua vida, poderá sentir o peso que irradia do coração de Ana para todo o seu corpo, deixando-a sobrecarregada com o fardo de sua dor, e tornando-a incapaz de cuidar de outras coisas.

As Escrituras revelam uma imagem muito real e vulnerável da feminilidade em Ana, que parece reagir ao seu sofrimento da mesma forma como muitas de nós, mulheres, fazem. Quando consegue entrar no templo e ficar diante de Deus, ela abre o seu coração angustiado para Ele, tentando discretamente esconder sua dor da visão dos outros, seu coração partido derramando-se sobre Deus numa enxurrada que há tanto tempo ela represa. O sacerdote Eli, observando a dolorosa contorção em seus lábios e a rapidez das palavras que vertem de sua boca, presume que Ana deve estar bêbada e a confronta.

Você consegue imaginar a vergonha que recaiu sobre Ana em sua dor quando sua conversa particular com Deus não apenas chama a atenção do sacerdote para ela, mas o convence de que ela deve ter ido bêbada ao templo? Conheço muito bem a sensação de estar quase embriagada de dor, confusa, os pensamentos difusos numa névoa incoerente, o corpo traindo a privacidade de seu coração partido entregando-o pelas mãos e lábios trêmulos. Eu fui a mulher para quem todos dirigiam olhares na igreja enquanto minha dor se derramava incontrolavelmente, e conheci o embaraço que Ana deve ter sentido quando Eli aproximou-se dela fazendo tal acusação.

Mas Ana, mesmo em seu sofrimento, está tão disposta a esperar que Deus realize o desejo de seu coração partido que, depois de se explicar a Eli, promete ao agora convencido sacerdote que se lhe for concedido um filho, ela o dedicará ao templo para que seja educado para o sacerdócio desde a mais tenra idade, assim que ela o desmamar. Embora naquela época isso significasse que Ana teria cinco anos completos com esse filho por quem seu coração se partira tantas vezes, ainda é um sacrifício grande demais para a maioria de nós sequer considerar.

Quando, de fato, é concedido o presente a Ana na forma de um menino a quem chama de Samuel, ela permanece fiel à sua promessa e, após ser desmamado do peito, ela o entrega a Eli no templo, deixando-o sob os cuidados do velho sacerdote. Sei da leve sensação de perda que senti quando cada um dos meus bebês desmamou, o momento em que repentinamente me dei conta de que haviam se passado dias desde que exigiram ser amamentados e a doce intimidade desse relacionamento havia chegado ao fim. Eu também conheço a dor de ter perdido meu querido bebezinho Bryce depois de orar durante toda a minha gravidez por um longo e saudável relacionamento de amamentação com ele. Não consigo imaginar como Ana encontrou forças para desistir da alegria que tivera ao finalmente ter um filho ao entregá-lo a Deus e seu sacerdote voluntariamente, em gratidão pela fidelidade de Deus a ela depois de tanto sofrimento.

As Escrituras nos contam que, sem dúvida, quando Ana ofereceu Samuel ao templo, ele ainda era muito pequeno, e no entanto ela parece feliz por tê-lo "entregado ao Senhor" e havê-lo "deixado ali para o Senhor". Como Abraão, que voluntariamente entregou Isaque a Deus até que Deus o devolveu, Ana faz um sacrifício da esperança por aquilo que mais a fez sofrer.

Você acha que Ana deixou Samuel nas mãos de Eli e nunca olhou para trás? Nunca desejou ter seu filhinho com ela em sua casa novamente? Nunca chorou com saudade da maciez dos cabelos dele em seus lábios, de sentir o seu cheirinho, ou o peso de sua cabeça contra o peito? Certamente as rachaduras deixadas no já tão sofrido coração de Ana vazaram um novo tipo de dor e anseio. Mas, como testemunha da fidelidade de Deus, essa dor foi guarnecida de um novo tipo de esperança, uma esperança redentora. A capacidade de Ana de devolver Samuel a Deus como um presente atesta o fato de que todo o seu sofrimento a levou a uma profunda confiança na bondade de Deus, uma bondade que lhe transmitiu a segurança de entregar-Lhe o próprio presente pelo qual implorara.

O sofrimento de Ana a fizera abrir-se plenamente diante de Deus, levara-a ao limite e a expusera por completo, em toda a sua vulnerabilidade e dor para Ele. Ela aprendeu a aceitar que, mesmo quando seu corpo tardava em lhe conceber seu mais profundo desejo, Deus estava lá para sustentar sua respiração seguinte, cada oração proferida por seus lábios O atraía para ela em Sua grande compaixão e misericórdia.

E foi assim que, depois de oferecer seu filho a Deus e deixá-lo crescer no templo sob os cuidados e a tutela de Eli, ela podia sentir saudades de seu doce Samuel e ainda assim confiar que Deus manter-se-ia fiel em seu sofrimento. Ana estava tão profundamente entregue ao amor de Deus que podia entrar no templo uma vez por ano com uma nova túnica costurada à mão para vestir o filho pelo qual ansiara tão profundamente e deixá-lo mais uma vez no coração de Deus, o coração no qual ela havia aprendido a confiar mesmo com o seu próprio partido.

Alcançando a santidade na plenitude

Na introdução deste livro, propus a reflexão de que não podemos estar espiritualmente bem sem integrar os aspectos encarnacionais, ou corporais, de nossa experiência humana com nossa alma. Em suma, não podemos nos desconectar de nosso corpo como algo alheio ao aspecto espiritual de nossa humanidade. De fato, esse conceito é a origem de muitas heresias na história da Igreja Católica.

Quando consideramos a feminilidade e o sofrimento à luz dessa verdade, provavelmente reagimos com fortes emoções. Porque a realidade de ser mulher é que nosso corpo muitas vezes é para nós uma fonte de sofrimento ou, pelo menos, de dúvida e confusão. As mudanças normais da puberdade, gravidez, pós-parto e menopausa podem gerar ondas de choque emocional que se registram como trauma no relacionamento de muitas mulheres com Deus e consigo mesmas. E há também o alto risco de que mulheres católicas que atendem o chamado para aceitar nosso potencial procriador experimentem a dor e a perda do aborto espontâneo, infertilidade e outros problemas relacionados a hormônios com maior frequência do que outras mulheres e com custos emocionais mais elevados.

Muito além dessas experiências mais comuns de dor, estão as mulheres que sofrem de doenças incapacitantes ou são acometidas por câncer ou outras doenças graves. E, também, há a batalha diária de nosso corpo contra o abuso, a agressão e o desrespeito geral pelas mulheres em nossa sociedade. Muitas vezes, encontramos pessoas em nossa própria igreja que sentem ser dever delas questionar nossa moralidade ao julgarem nossa família pequena demais, nossos filhos mal comportados ou a vida que escolhemos viver, de alguma forma, imprópria para nossa feminilidade.

Se nos mantivermos fiéis à verdade de que o sofrimento é uma parte inevitável da experiência humana, podemos afirmar com certeza que a experiência de sofrimento físico ou dor emocional relacionada à nossa constituição feminina é também inevitável em nossa vida.

Então, como esses corpos sofridos ou a dor emocional que nossa realidade física nos traz podem contribuir de alguma forma para nos deixar bem espiritualmente?

Victor Frankl, em *Man's Search for Meaning*, relata suas experiências como psicólogo nos campos de concentração da

Segunda Guerra Mundial e as usa para ilustrar sua principal conclusão, a de que um ser humano pode sobreviver até ao pior sofrimento se puder encontrar significado nele. Ele escreve:

> Pela primeira vez em minha vida, vi a verdade tal como fora cantada por tantos poetas, proclamada como a sabedoria última por muitos pensadores. A verdade de que o amor é o derradeiro e mais elevado objetivo a que o homem pode aspirar. Compreendi, então, o significado do maior segredo que a poesia e o pensamento humanos têm a transmitir: a salvação do homem dá-se por meio do amor e no amor.[10]

Se o amor é o objetivo maior a que aspiramos, e nossa salvação se dá por meio do amor e no amor, então temos uma resposta ao mistério do sofrimento que nos traz esperança. Podemos encontrar significado em nosso sofrimento corporal e dor emocional, permitindo que isso faça aflorar a necessidade de sermos amados. Precisamos aprender a amar a nós mesmos, incluindo nosso eu físico encarnado; precisamos aprender a deixar que os outros nos amem em nossas dores e sofrimentos, e precisamos deixar que o desespero de nosso sofrimento nos conduza a um amor mais profundo com nosso Deus ao nos vermos mais dependentes Dele.

Nos últimos anos, tornou-se bastante popular substituir a palavra "sofrimento" por "quebrantamento" nos escritos cristãos inspiradores. Há um esforço para aceitarmos nosso quebrantamento como uma dádiva. E, no entanto, temo que possamos estar absorvendo a mensagem de que o quebrantamento em si seja o bem que desejamos, que o nível de nosso quebrantamento seja de alguma forma equivalente ao grau de nossa santidade. A verdade é que nenhum sofrimento suportado ou aceito por causa do sofrimento em si nos conduz à santidade.

---

10 FRANKL, V. E. *Man's Search for Meaning.* Boston: Beacon, 2017.

É permitindo o sofrimento que inevitavelmente nos aflige a fim de nos tornar necessitados da misericórdia de Deus e desesperados por Seu amor que encontramos santidade. Pois o amor de Deus preenche as fissuras de nosso coração atribulado e é redentor para nossa alma, mesmo quando não nos cura fisicamente. É assim que nos tornamos íntegros, ou ficamos espiritualmente bem, em relação ao nosso quebrantamento corporificado: quando conseguimos aceitá-lo como amor dado e recebido por Deus.

É nessa plenitude que alcançamos um nível mais elevado de santidade. Ao refletirmos mais verdadeiramente a imagem de Deus em nós gravada, no corpo e na alma, aceitando inclusive a marca de nosso Salvador sofredor, tornamo-nos mais semelhantes a Deus e aprendemos a depender mais profundamente de Seu amor para nos sustentar. Se permitirmos que nosso sofrimento e nosso quebrantamento nos conduzam de volta à dependência do Éden e à total vulnerabilidade de Eva diante de Deus, estaremos nos tornando mais plenos e mais santificados.

Sofrimento e dor, em especial nossas experiências exclusivamente femininas, podem ser uma fonte de vergonha para nós. E isso se torna ainda mais verdadeiro quando nosso corpo nos desafia contando nossos segredos ao mundo. Quando a dor emocional torna-se compulsão alimentar e nosso peso flutua, a vergonha se acumula. Quando a infertilidade ou o aborto espontâneo parte nosso coração e então nos perguntam se estamos grávidas, ou quando teremos o próximo filho, e as lágrimas brotam inevitavelmente, a vergonha pode ser mais avassaladora do que a dor. Quando algo tão simples como a acne voltando para nos atormentar na idade adulta por causa das mudanças hormonais da menopausa aciona o trauma de nossa puberdade e a rapidez confusa com que nosso corpo tornou-se desconhecido para nós, podemos nos surpreender pela vergonha inesperada.

Essa vergonha pode ameaçar desconectar nossa realidade corporal de nosso estado espiritual. Se vimos buscando intimidade com Deus pelo tempo que for e construindo um relacionamento em que estamos aprendendo a confiar em Seu amor por nós, descobrirmo-nos subitamente envoltas em vergonha em um nível físico pode corroer essa intimidade sem que percebamos isso. O ato de nos escondermos de Deus não acontece de repente como foi com Eva, mas gradualmente, à medida que a ideia de que nosso corpo e a dor que ele nos causa são inaceitáveis penetra em nossa alma e nos obriga a escondê-lo, buscando segurança ao não ser visto.

Por esse motivo, encontrar significado em nossa experiência física exclusivamente feminina e seus variados sofrimentos e dores é imprescindível para nossa busca pela santidade. A plenitude com que nos aproximamos de Deus é a medida de nossa aceitação da nudez que nos traz salvação no amor e por meio do amor, como descreve Frankl. Ao expormos nós mesmas e nossa dor integralmente a Deus, tanto em nível emocional quanto espiritual, permanecemos nuas e vulneráveis diante Dele e admitimos nossa necessidade de sermos amadas. Uma vez que somos criadas por um Deus que é amor e, portanto, só pode responder no amor, descobrimos que nossa dor nos conduz a uma intimidade mais profunda com Ele. Essa intimidade crescente extrai de nós o amor que desejamos retornar a Deus pela grande misericórdia que Ele nos mostrou. Também nos permite aprender a ter piedade de nós mesmas e a aceitar os defeitos ou doenças impossíveis de mudar em nosso corpo e nossa mente e a nos tratarmos com bondade e compaixão.

Este é um processo de crescimento em direção à plenitude como pessoa. É o mesmo processo que traz crescimento em santidade. Podemos, portanto, nos libertar da noção de que santidade é uma competição para ver quem pode ser mais quebrantado e aceitar a verdade de que nossa santidade não está em quanto ou quão bem sofremos, mas em nossa completude, em extrair significado de nosso sofrimento inevitável que nos leva mais fundo à plenitude do amor, onde somos abraçadas por nosso salvador sofredor e enriquecidas espiritualmente por sua misericórdia compassiva.

A história de Kim

Eu não sou um erro. Meu corpo não é um erro.

Sim, eu tenho Doença de Charcot-Marie Tooth (CMT), escoliose, artrite, apneia do sono, secura ocular crônica e até uma irritante acne adulta. Mas esse corpo mal-acabado foi assombrosa e maravilhosamente criado por nosso único e verdadeiro Deus.

Não me entendam mal. Nem sempre sou tão animada assim com a minha situação. Quando quero fazer uma viagem para visitar uma amiga, mas não posso por ter péssimos reflexos e não possuir carteira de motorista, sinto-me frustrada. Quando preciso interromper uma atividade simples como lavar roupa por causa da dor no quadril, fico frustrada por não ser como os grandes santos que carregam suas cruzes com tamanha graça e paciência. Há dias, e eles não são poucos, que não quero carregar minha cruz.

Mas percebo que essa atitude não me levará a lugar nenhum. Eu aprendi isso ainda bem nova. Sempre tive alguma deficiência que requeria certo grau de adaptação em casa e na escola. Ainda assim, meus pais depositaram grandes expectativas em mim, assim como em meus irmãos. Com essas expectativas em mente, fui capaz de ir para a faculdade, me formar e começar uma vida independente. Tive que superar muitas barreiras ao longo do caminho. Minha avó comprou uma cadeira de rodas motorizada tipo scooter para minha formatura no ensino médio, para que eu pudesse me deslocar pelo *campus* da minha universidade. Até hoje, eu ainda uso uma cadeira de rodas semelhante para passear pela cidade durante as estações mais quentes. Posso escolher o isolamento, ou posso interagir com o mundo à minha volta. Eu escolho a segunda opção!

Admito que, por muitos anos, minha maior insegurança residia no receio de se encontraria ou não um homem que me enxergaria para além da minha deficiência. Pode parecer estranho, mas ser uma pessoa inspiradora nem sempre soma pontos no quesito namoro.

A boa notícia é que, por ter sido criada à semelhança e imagem de Deus, fui, de fato, feita para amar! Conheci um homem maravilhoso chamado Bruce enquanto estava em um retiro, muitos anos atrás. Estamos casados há 23 anos. Sabíamos que fomos chamados a amar não apenas um ao outro, mas quaisquer filhos que Deus nos enviasse. Deus nos abençoou com um único filho biológico natimorto, Gabriel, e quarenta e um filhos adotivos ao longo dos anos.

Quando Bruce e eu nos casamos, eu era fisicamente mais forte e capaz de trabalhar em período integral. Agora, ele tem que me ajudar com muitas tarefas diárias básicas. Quando minha saúde física se deteriorou, Deus falou ao meu coração de novas maneiras. Tenho mais tempo para me concentrar em orar por meu marido incrível, nossa família e amigos. Meu amor pela Igreja Católica amadureceu, o que me levou à alegria da evangelização. Minha deficiência é uma parte inegável da minha vida, mas não me define. No evangelho de João, Jesus nos diz que a cegueira de um homem desde o nascimento não se deveu ao pecado de seus pais, mas para que a glória de Deus fosse manifestada através dele.

Essa é a minha esperança... sempre manifestar e falar da glória de Deus!

Avancemos! Continuemos subindo!

Você já se sentiu confusa com o sofrimento que vivenciou? Ficou se perguntando por que Deus o permitiria ou até sentiu que Ele o causou? Como você lidou com sua confusão?

Considere a reação de Ana ao seu sofrimento e depois a resposta de Deus às suas orações. Teria sido essa a sua resposta? O que podemos aprender com Ana?

Você acha que a realidade física de viver em um corpo feminino nos traz experiências exclusivamente femininas de vergonha e dor? Existem áreas específicas em sua vida em que isso é verdadeiro?

Como você pode deixar que seu sofrimento físico a conduza mais profundamente ao amor que nos torna plenas e santificadas?

8 Levante-se e viva

Deleitando o Senhor

"Jesus ainda estava falando, quando alguém da casa do chefe da sinagoga chegou, dizendo: 'Tua filha morreu. Deixa de incomodar o Mestre'. Mas ouvindo isso, Jesus disse: 'Não tenhas medo, basta crer e ela ficará curada'."

(Lc 8,49–50)

"Mas ele, tomando-a pela mão, disse em voz alta: 'Menina, levanta-te'. Ela voltou a respirar, e imediatamente se levantou. Jesus mandou que lhe dessem de comer."

(Lc 8,54–55)

"Ao chegar à casa de Pedro, Jesus viu que a sogra dele estava de cama, com febre. Tomou-lhe a mão e a febre a deixou. Ela se levantou e começou a servi-lo."

(Mt 8,14–15)

Há alguns momentos em minha vida, sem contar o nascimento de meus meninos e quando eles foram batizados, que eu poderia dizer que me fizeram sentir verdadeira e plenamente viva. Um deles ocorreu quando eu era uma garota beirando a puberdade. Balé era a minha paixão, e aquele era o dia em que, de tantos em tantos meses, os pais podiam entrar e acompanhar a nossa aula. Não sei dizer se foram os olhos a mais assistindo – uma plateia para a qual nos apresentar – ou se me senti mais confiante naquele dia, mas havia uma segurança na maneira como eu me movia e controlava meu corpo durante aquela aula que era extaticamente revigorante. Eu nunca havia me sentido, e não tenho certeza se voltei a me sentir desde então, tão livre dentro do meu corpo e tão capaz de comandá-lo a fazer o que eu queria que fizesse. Ainda consigo me lembrar do suor escorrendo pelas minhas costas; o giro firme e veloz da cabeça, que mantinha minhas piruetas no timing perfeito; a vigorosa e completa extensão de meus braços e pernas quando saltava em grand jetés pelo salão. Eu era uma garota tornando-me mulher e, provavelmente uma das últimas vezes, uma garota totalmente viva e confiante em seu corpo.

O outro momento ocorreu muito mais tarde em nosso primeiro posto de missão estrangeira em um pontinho no Caribe que era uma ilha chamada Canouan. Nesse dia em particular, eu estava atravessando a ilha por uma trilha estreita nas montanhas em direção à escola da aldeia, onde daria aula de catecismo às crianças preparando-as para a Primeira Comunhão. Fazia calor, como de costume nas ilhas do Caribe, e o caminho era pedregoso e traiçoeiro, por isso, precisava manter meus olhos atentos onde pisava enquanto andava, em vez de apreciar a água azul-turquesa cintilante que cercava a ilha e que eu costumava contemplar enquanto caminhava. Nesse dia, observei meus pés atentamente à medida que uma camada de poeira começava a cobri-los, enquanto firmava nos lugares certos minhas sandálias de couro em relevo, feitas à mão por um habitante da ilha, e seguia meu caminho para servir os pequenos aos quais Deus me enviara como Sua serva, Sua missionária. Por um breve instante naquela trilha, foi como se o véu entre o Céu e a Terra se abrisse, e eu soubesse sem sombra de dúvida que naquele exato momento eu estava fazendo exatamente o que Deus havia me criado para fazer, de corpo e alma, naquele momento da minha vida. Foi uma experiência efêmera, mas profunda, que nunca desapareceu da minha lembrança.

Para mim, esses são momentos de bem-estar, de plenitude, de me sentir completamente viva. Fazem um contraste gritante com os momentos de provação e sofrimento em minha vida, em que meu corpo rejeitou gravidezes saudáveis ou minha mente negou-me pensamentos racionais, em que a autoaversão me levou a cortar a minha própria pele para arrancar a dor que sentia. No entanto, estou percebendo que não devo deixar as lembranças dolorosas solaparem esses momentos, cegar-me para essas ocasiões em que me senti tão completamente viva ou convencer-me de que tudo nesta minha vida foi dor. Pois o maior desejo de Deus para a nossa existência humana é que a vivenciemos, plenamente vivos Nele. Tenho a tendência de ficar um pouco adormecida espiritualmente quando minha vida está seguindo em um ritmo tranquilo e as coisas estão indo muito bem. Em vez de ser trazida à vida pela bondade de Deus que me rodeia, posso facilmente tornar-me complacente. Sem o sofrimento e a dor que me levam a uma dependência desesperada Dele, meu bem-estar pode parecer, digamos, menos importante.

A autora Micha Boyett, em sua autobiografia espiritual *Found*, traz um argumento convincente sobre com que frequência Deus usa a palavra *satisfazer* nas Escrituras para expressar seu desejo por nosso coração, e nós a confundimos com a palavra *santificar*. Ao ver a *santidade* como o desejo de Deus para ela, Boyett diz: "Eu precisava 'ser santa, porque Deus é santo' e então finalmente conquistaria meu quinhão da bondade de Deus". Em contraste, discorrendo o que significa estar satisfeita em Deus, Boyett diz: "O Espírito de Deus é quem faz a santificação. Isto (...) nunca foi tarefa minha, minha tarefa foi buscar, analisar (...) e então dizer: 'Aqui estou. Pronta para ser refeita'".[11]

É um grande prazer de Deus deixar-nos bem e satisfazer nosso coração, e somos os melhores servos que podemos ser quando permitimos que Ele faça exatamente isso. Ao termos nosso coração satisfeito por Deus, nosso serviço corporal a Ele nasce de um coração satisfeito e transbordante que se sente à vontade consigo mesmo e com o mundo físico em que habita. Ao reconhecer as muitas maneiras pelas quais Ele nos satisfaz, os momentos em que estamos bem se tornam momentos em que nos sentimos milagrosamente vivos e próximos Dele, em vez de uma existência sonolenta que falha em abrir os olhos e realmente enxergar o grande prazer que nosso Criador sente em nosso viver.

Considerando o prazer

Como é para nós, mulheres, estar bem – como quando cantamos o refrão do hino "Está tudo bem com minha alma"? O hino nos diz que estamos bem quando percebemos que, independentemente do nosso estado e de nossos pecados, Jesus está lá nos assistindo, como o bom médico que ele é, nos curando e nos deixando bem no nível espiritual. Se voltarmos à nossa equação de bem-estar espiritual com o bem-estar de nossa experiência corporal, também podemos dizer que estar bem significa estarmos totalmente vivas para nossa existência terrena, despertas para a ação de Deus em nós e no mundo ao nosso redor, e engrandecidas por isso.

---

11 BOYETT, M. *Found: A Story Of Questions, Grace and Everyday Prayer.* Brentwood, TN: Worthy, 2014, p.204.

Amiúde, não temos consciência, como mulheres adultas, de muitas partes de nós que se tornaram entorpecidas para o amor vivificante de Cristo, das maneiras pelas quais fechamos os olhos e escolhemos dormir em vez de realmente perceber sua ação salvadora em nós. Perdemos contato com partes de nós mesmas com as quais outrora nos deleitávamos, e com os dias em que nosso corpo era um prazer para nós. Deixamos a menina inocente que mais refletia a imagem de Deus em nós ser amortecida por nossos fardos, nossas dores, nossas responsabilidades ou um milhão de caixas restritivas nas quais nos enfiamos para que pudéssemos receber a afirmação e aprovação que ansiamos desesperadamente. Na verdade, sufocamos algumas das partes mais verdadeiras de nós mesmas, as garotas que éramos antes de nos dizerem de uma maneira ou de outra que deveríamos ser outra coisa. Antes de a mensagem que nossa santidade reside em algo além do que ser satisfeita pela bondade de Deus penetrar profundamente em nossa alma, sabíamos como nos deleitar em nós mesmas e nos permitir ficar deleitadas.

Deus quer restaurar esse prazer. Este é o trabalho do grande médico em nosso coração do Éden, o coração de nossos eus jovens e novos, o coração que era nosso quando éramos mais como Eva. A palavra "prazer" (*delight*) aparece nas Escrituras aproximadamente 110 vezes, quase todas no Antigo Testamento.[12] O Deus do Antigo Testamento é Deus Pai, nosso Pai amoroso e compassivo, que proclama repetidamente que se deleita em nós (Sl 16; 18; 22; 35).

Naquela tarde que passei erguendo meu corpo no ar no estúdio de balé, deleitei-me com quem eu era fisicamente e também em meu espírito, que com perseverança e disciplina

12 Baker's Evangelical Dictionary of Biblical Theology, *s.v.* "delight," Bible Study Tools. Disponível em: <http://www.biblestudytools.com/dictionaries/bakers-evangelicaldictionary/delight.html>.

chegara àquele nível de habilidade. E embora eu não tenha pensado nisso conscientemente naquele momento, tenho certeza agora de que havia alguma noção do fato de que estava me deleitando *comigo*. Estou apenas começando a entender que justamente essa atitude, a de me deleitar comigo mesma por causa de minhas habilidades, por causa do meu nível de desempenho, logo se tornou uma ferida aberta em minha alma que acabou sendo infectada pelo perfeccionismo e mais tarde se transformou em uma espécie de compulsão obsessiva devastadora. Não muito tempo depois daquele dia no estúdio de balé, as rápidas mudanças da puberdade tomaram conta do meu corpo e desisti de encontrar prazer em sua capacidade de se mover com beleza, eventualmente deixando quase todo o deleite em minha aparência física se apagar também.

É difícil definir em que ponto esse delicioso senso de quem somos começa a desaparecer e que aspecto de nós mesmas é mais afetado. Certamente, isso difere para cada uma de nós e, no entanto, já ouvi um monte de histórias de um monte de mulheres e posso afirmar que tenho certeza de que isso acontece com todas nós. Quando nos esquecemos de nos deleitar com nós mesmas, caindo no sono pesado da sobrevivência, sendo apenas o suficiente para sobreviver, caindo na morte da autoaversão, da insegurança ou da asfixia de tentar ser alguém que não somos a fim de obter aprovação, também esquecemos como é a sensação de nos deleitarmos. Muitas de nós deixam de acreditar nisso por completo e perdem a intimidade do que significa se relacionar com nosso Deus como uma garotinha com seu Abba, não apenas com total confiança, mas com os olhos arregalados de expectativa e alegria. Esquecemos o que significa estar bem, o que significava ser mulher no Éden, inocente, livre e nua, deleitando-se grandemente com a maneira como o Senhor nos criou, a maneira como ele andava ao nosso lado e a maneira como provia todas as nossas necessidades.

Com nossos sentidos amortecidos para esse prazer, começamos a trocar seu convite para ficarmos satisfeitas Nele pela pressão de nos santificar – exercer nossa fé para sermos dignas não do deleite de Deus, que há muito esquecemos, mas de Sua misericórdia por todas as nossas imperfeições. Você percebe quão profundamente envolto em mentiras esse pensamento é? Primeiro, fechamos os olhos para o deleite que o Pai teve em nos criar. Então, recusamos o Seu convite para conhecer a satisfação completa Nele. Tomamos em seu lugar o ônus da autossantificação e do desempenho para provar que somos dignas de Seu amor. E substituímos nosso desejo de nos deleitarmos no Senhor por obter o que nos convencemos que certamente deve ser uma misericórdia de má vontade devido a todas as formas pelas quais somos imperfeitas.

É essa perversão da intimidade que deveríamos ter com nosso Pai que destrói a energia de nossa vida espiritual e nossa experiência física desta vida. Quando morremos para Seu deleite em nós e para o convite para ficarmos satisfeitas com a maneira como Ele nos criou, esquecemos quem somos. Nós nos transformamos em uma extensão das expectativas que foram acumuladas sobre nós pelos outros e por nós mesmos. A vergonha de todas as maneiras pelas quais deixamos de atender a essas expectativas torna nossas pálpebras pesadas, torna mais fácil viver uma meia-existência sonolenta do que buscar uma vida de liberdade, na qual ouvimos atentamente a voz do Pai que nos chama para nos levantar e viver.

Emily Dickinson se lembra de sua alegria de menina no poema “Delight Is as the Flight” (Deleitar é como voar). Nessas quatro linhas, ela resume o que é se encantar pelo mundo adorável de nosso Pai, deleitar-se com Ele:

E eu, por alegria,
Tomo Arco-íris como caminho habitual,

E Céus vazios

A Excentricidade[13]

Talvez, como mulheres adultas, não possamos mais viver em um mundo onde esperamos arco-íris todos os dias e vemos o céu sem nuvens como uma raridade. Talvez para cumprir nossas responsabilidades e viver na realidade do mundo moderno, precisamos manter os olhos abertos com um certo nível de sensibilidade. Por outro lado, se considerarmos o arco-íris como o sinal da promessa de fidelidade de Deus para nós, sua aliança de amor com a humanidade, por que não devemos acordar nossas menininhas admiradoras do arco-íris e olhar com expectativa para o céu em busca dos sinais que nosso Pai está derramando com deleite e da poeira cintilante que preenche o ar à nossa volta?

Tenho um querido grupo de amigas que de repente se tornaram obcecadas por unicórnios. Essas mesmas mulheres também são algumas das minhas pessoas favoritas para me rodear, porque são profundamente conscientes do amor de seu Pai por elas, e isso transborda em alegria, risos e no sentido de que elas sabem exatamente quem são e estão abraçando a vida com prazer. Não há como elas viverem essa autenticidade sem também confiarem que o Pai deleita-se com elas, e que unicórnios com rabos de arco-íris e crinas cintilantes são um lembrete de seus corações mais verdadeiros, os que tinham antes que algo se rompesse nelas, antes que algo adormecesse, antes que algo morresse. São mulheres que optaram por permanecer em total confiança diante do coração de seu Pai

---

13 And I, for glee,
Took Rainbows, as the common way,
And empty Skies
The Eccentricity
DICKINSON, E. *The Poems of Emily Dickinson.* Cambridge, MA: Belknap, 1999, p.10.

e aceitam o convite para se levantar e viver, como fizeram na inocência de sua infância, como fizeram quando ainda eram Eva. Todas somos convidadas a seguir o exemplo delas.

Nas portas de Jairo e Pedro

Sei que há muitas mulheres para quem o conceito de Deus Pai deve ser desembaraçado de relacionamentos e experiências infelizes com nossos próprios pais. Pode ser difícil imaginar o tipo de amor abrangente e compassivo que Deus tem por nós quando não corresponde à nossa experiência de pai. No entanto, estou certa de que, desde o dia em que Ele cerrou os portões do Éden atrás de Adão e Eva, Deus Pai corre atrás de suas filhas, preocupado com o bem delas e que elas O conheçam como um bom Pai.

A história da filha de Jairo do Evangelho de Mateus contém minhas palavras favoritas pronunciadas por Jesus, palavras revitalizantes para o coração das mulheres. Jairo é um judeu líder da sinagoga que procura Jesus porque sua filha está à beira da morte. As escrituras nos dizem que ele correu para Jesus, abrindo caminho por entre uma grande multidão e caiu de joelhos, implorando que Jesus viesse impor as mãos sobre sua filha doente. Sem dizer uma palavra, Jesus começa a segui-lo até sua casa, as multidões avançando atrás dele. É nesse ponto que uma mulher com hemorragia alcança e toca suas vestes e é imediatamente curada (Mc 5,25–34).

Logo depois que Jesus declara a mulher com hemorragia curada por sua fé, as pessoas que estavam velando o leito de morte da filha de Jairo chegam para anunciar que é tarde demais. Ela já está morta e ele não deve mais desperdiçar o tempo do mestre. Jesus, no entanto, não se intimida com as notícias que trazem, e responde ao pai: “Não temas, crê somente”, enquanto ele se dirige decidido para a casa de Jairo (Mc 5,36). Quando Jesus chega e encontra a multidão chorando e em grande comoção, ele pergunta por que choram quando a menina não está morta, mas apenas dormindo. E eles riem dele, de Jesus – Deus feito homem, Salvador do mundo, operador de milagres.

Ignorando-os, Jesus adentra o quarto da menina, permitindo a entrada apenas do pai, da mãe e dos apóstolos que o acompanharam. Fechando a porta para cortar o barulho daqueles que se apressaram para lamentar a morte da criança, ele a pega pela mão e diz "Talitá cumi", que significa "Menina, a ti te digo: levanta-te". Ela o faz imediatamente, e ele ordena à família que lhe dê de comer (Mc 5,41).

Quantos de nós precisamos saber que Deus, nosso Pai, enxerga dentro de nós a menininha que se sente sem vida de tantas maneiras, que corre para o Filho para implorar que ele venha sará-la? Imagine como foi para Jairo, que estava implorando encarecidamente pela vida de sua querida filha e, em vez disso, ouviu o que só podemos presumir serem parentes ou amigos chegando para anunciar sua morte e recomendando que ele não desperdiçasse mais o tempo de Jesus com ela – sua filha, sua garotinha, a quem ele ama de todo o coração.

Jesus não se preocupa com eles nem com os outros na casa que riem da possibilidade da pequena ainda ter vida. Ele está seguindo o coração de um pai em direção à sua garotinha, e ele vai fazê-la ficar bem novamente. Ele isola o barulho e o cinismo do mundo ao seu redor e envolve aquela pequena criança apenas com o amor de seus pais e a fé de seus apóstolos. Ele a segura pela mão e a chama de volta à vida com a frase mais simples: duas palavras, "Talitá cumi". Ele chama essa filha preciosa, tão amada por seu pai, para se levantar e viver.

Não sabemos o que a deixou doente ou há quanto tempo a menina estava sofrendo na cama, mas tente imaginar por um momento como a cena lhe apareceu quando ouviu a voz dele, abriu as pálpebras e viu os rostos atordoados, mas muito felizes, da mãe e do pai, e daquele rabino parado ao lado de sua cama. Ela própria sabia que estivera morta, ou estava se perguntando a razão de toda aquela comoção ao acordar do que pareceu uma soneca? Alguém teve que lhe explicar tudo mais tarde, ou ela sabia o que o amor e a fé de seu pai haviam obtido para ela do operador de milagres?

Jesus diz a ela que se levante, e a história conta que ela faz exatamente isso: "Imediatamente a menina se levantou e se pôs a caminhar" (Mc 5,42). Eu me pergunto que expressão seu jovem rosto exibia quando ela olhou para aqueles que foram tão rápidos em declará-la morta. Ela piscou com ar de desafio, ou estava simplesmente impressionada demais por estar viva para se preocupar com o que mais alguém pensasse? Ela ainda estava um pouco atordoada e confusa quando seu espírito retornou ao seu corpo físico e ela começou a se mover? É por isso que Jesus a queria alimentada, para que ela pudesse sentir as sensações de seu corpo outra vez e saber que ela estava completamente viva? Como é a primeira refeição que você faz depois de morrer e voltar à vida? Foi uma refeição do Éden, como os primeiros frutos saboreados por Eva no jardim, onde sua inocência lhe permitia experimentar os deleites de seus sentidos em sua perfeição?

Três capítulos depois, em Mateus 8, há dois versículos (14–15) nos quais Jesus mais uma vez para à porta de uma casa onde muitos estão implorando para serem curados. Desta vez, é a porta de Pedro. Ao entrar, ele constata que a mulher na casa, a sogra de Pedro, está ardendo em febre. Ele estende a mão e toca a dela, exatamente como fez com aquela filha preciosa na casa de Jairo, e ela é imediatamente curada e se levanta para servi-lo.

Esta é a sequência da história da filha de Jairo. Esta é a missão que ele tem para suas *Talitás* – suas preciosas garotas – que também são suas Evas – suas "mães de todos os viventes".

Esta é a razão dele para desejar tão intensamente o bem-estar de todos as partes de nosso coração. Jesus primeiro estende a mão para as meninas dentro de nós, a peça central de nosso coração vulnerável e nu, e as chama de volta à vida para que ele possa tocar as mulheres adultas que somos e nos chamar a seu serviço.

Despertando e Servindo

Como no momento em que ele passou por aquela porta na casa de Jairo e pôs os olhos naquela preciosa menininha, Jesus, movido pelo amor de Deus nosso Pai, olha para você com amor, estende a mão para você e a chama de volta à vida plena e abundante que você estava destinada a viver. O Deus que contou os seus dias e os traçou como páginas diante de Si quer que você seja a menininha recuperada, a menininha que se levanta e se alimenta, a menininha que retorna ao seu corpo curada e plena. Jesus está chamando você como ele chamou a filha de Jairo, para que seus olhos sonolentos se abram e, em sua feminilidade, você aceite e deixe viver a menininha que você era antes de saber que deveria ser qualquer outra coisa. Porque ele tem uma missão para você, e ele precisa que você esteja bem, que esteja desperta, esteja plenamente viva e nutrida para que você possa desempenhá-la bem.

Com demasiada frequência, nós, mulheres, vivenciamos essa história de trás para frente em nosso cérebro e coração. Nós nos convencemos de que, quanto mais damos nossa vida para servir, quanto mais oferecemos a nós mesmas e nos esquecemos de quem somos em nome de Jesus – em nome da santidade –, mais saudáveis nos tornaremos espiritualmente. Ou talvez sequer tenhamos consciência da mentalidade a partir da qual estamos buscando a aprovação de Jesus. Talvez as feridas de nossos jovens corações tenham sido infligidas tão cedo e com tamanha frequência que nem sabemos que estamos ardendo em febre. Mas tantas de nós sabem que estamos muito, muito mesmo, cansadas. Com o coração cansado. Os ossos cansados. A alma cansada. E não temos certeza do porquê.

Pouco antes do Natal, meu coração missionário chegou a esse nível de cansaço. Eu sabia que estava mal, que algo dentro de mim que eu não conseguia identificar estava me exaurindo, como a dor da febre de uma infecção que ninguém consegue encontrar. Eu era uma serva. Eu me doei o máximo que pude. Tinha certeza de que estava fazendo o que Deus me chamou a fazer. E eu amava as pessoas a quem servia e a vida que vivi fazendo isso. E, no entanto, a depressão e a ansiedade haviam me dominado de tal forma que acordar de manhã para encarar mais um dia fazia meu coração martelar no peito, minhas mãos suarem e meu estômago revirar-se de náuseas. Comecei, em certos momentos, a esquecer-me, literalmente, de quem eu era. Por fim, acabei deitada em uma cama de hospital dias antes do Natal na companhia de um psiquiatra encarando-me com olhos grandes e empáticos e explicando que eu tinha muito trabalho a fazer para melhorar. E que isso exigiria que eu parasse de servir aos outros enquanto permitisse a mim mesma ser alimentada e nutrida para recuperar a saúde física e psicológica.

Mais tarde, fui submetida a um tratamento intensivo para me ajudar a entender a raiz dessa infecção causadora da febre e, em seguida, a um plano de terapia de prevenção de recaída com duração de doze semanas para aprender a trabalhar com as ferramentas que me trarão saúde em minha vida. Ainda não retornei ao meu serviço missionário em nosso principal programa comunitário, um albergue de gestantes para mulheres indígenas. Meu coração e minha mente ainda estão frágeis demais para suportar mais do que o estresse diário médio, e às vezes até isso é pesado demais para enfrentar sem ajuda.

Assim como a filha de Jairo, sou uma menininha vulnerável que acabou de abrir os olhos e voltou à vida. Ainda estou sentada à mesa recebendo as colheradas do alimento que preciso para viver. Percebi que, ao percorrer de trás para frente todo esse negócio de bem-estar, reergui-me para servir, como a sogra de Pedro, carregando em meu coração uma menininha que ainda estava profundamente ferida. Com o tempo, desdobrando-me cada vez mais para dar aos outros e esquecendo-me de mim na mesma proporção, essas feridas foram se infeccionando e a febre começou a arder. Eu era, ao mesmo tempo, uma garotinha doente e uma serva doente. E precisava desesperadamente que Jesus tocasse a minha mão e me trouxesse de volta à vida.

O desejo do Pai é pelo coração da menininha que vive dentro de toda mulher. Ele busca por ela, querendo lhe dar vida em Cristo, vida em abundância (Jo 10,10). Muitas de nós estão tão ocupadas se esforçando tanto para serem mulheres adultas corretamente, servir bem, que não reconhecemos que a febre que está nos deixando pesadas de dor tem suas origens em nossas feridas de menininha que precisamos curar antes que possamos nos erguer para servir de uma maneira verdadeiramente vivificante.

Antes de sermos a sogra de Pedro, éramos a filha de Jairo, e antes de sermos a filha de Jairo, nós éramos Eva. Nossa natureza decaída e o mundo decaído em que vivemos roubam a beleza perfeita que nosso Pai viu em nós quando nos uniu corpo e alma. E muitas de nós crescemos na feminilidade inconscientes ou pouco dispostas a reconhecer que a essência de quem somos, as partes profundas da natureza de nossa imagem, estão adormecidas dentro de nós. Antes que ele envie Jesus para nos chamar a seu serviço, nosso Pai corre até Jesus para implorar que traga de volta à vida o coração de suas preciosas filhas. É da fonte dessa cura, que se derrama em nosso coração feminino e alivia de nossos ombros o fardo muitas vezes não identificável que carregamos, que Jesus pega nossa mão e nos conduz a seu serviço.

Não somos, como frequentemente nos convencemos, chamadas para servir até que tenhamos dado tudo o que temos. Somos filhas chamadas primeiro a uma vida de bem-estar abundante, filhas que são ressuscitadas de nossa inconsciência pelas mãos de nosso Salvador e ordenadas a levantar e serem alimentadas. Então seremos mulheres que o servirão com força e saúde, e não numa busca febril por sua aprovação.

Muitas de nós acreditam que precisamos obter essa aprovação com o que podemos dar ou fazer por Deus. Agora sei quanto da minha autoestima se baseava no que eu poderia fazer em um dia, com que competência e em quanto isso era para os outros e não para mim. Ter que aceitar esse período de descanso e recuperação foi mais difícil do que eu jamais poderia imaginar, embora o descanso fosse exatamente o que meu coração estava implorando. Toda semana eu volto à terapia com a mesma afirmação: "Eu não consigo. Não posso cuidar de mim mesma e deixar todo o resto. Há muito a ser feito". E, no entanto, sei que ainda estou frágil. Toda vez que me levanto cedo demais para voltar a servir aos outros, vejo-me tonta com a constatação de que ainda não estou pronta. Eu ainda preciso sentar e ser nutrida para recuperar a saúde.

Ao aceitar isso, estou começando a perceber todos os pontos em que meu coração de menininha absorveu a ideia de que meu valor se baseava no desempenho e a ver que eu permiti que minha vida se tornasse uma busca frenética por competência e por afirmação por meio da aprovação dos outros, que eu confundia como sinais do amor de Deus. A verdade é que foi o amor de Deus que me deitou em uma cama como uma menininha vulnerável, me pegou pela mão e me chamou de volta à vida. É o amor de Deus que ainda está me segurando pelo ombro enquanto, colherada por colherada, eu consumo o calor da Sua misericórdia no meu ser físico e espiritual. E quando eu estiver totalmente restaurada e bem, será com amor e grande alegria que Ele tocará minha mão e me chamará para servir novamente.

Nós, mulheres, não somos chamadas a viver uma vida de servidão a um Pai exigente. Somos suas filhas, que Ele deseja curar e alimentar, e depois erguer para o serviço como evidência de Seu grande amor e deleite em nós. Não confundamos mais as duas coisas, mas abramos nossos olhos do sono e sejamos alimentadas para que possamos servi-Lo da plenitude de nosso coração e da nossa confiança em Seu amor.

A história de Margaret

Tenho muito orgulho de ser uma jovem mulher crescendo em nossa sociedade. Inúmeros avanços têm sido feitos para aumentar e incentivar a igualdade entre homens e mulheres. Pouco a pouco, estamos diminuindo a diferença salarial e há cada vez mais mulheres inserindo-se no mundo profissional. Temos médicas, advogadas, políticas, atrizes e até candidatas à presidência. Todo um movimento é dedicado à igualdade entre os sexos. As mulheres são incentivadas a serem fortes, independentes, autossuficientes e instruídas.

O paradoxo, como eu descobri, é que nossa sociedade não deseja de fato que as mulheres possuam autenticamente todas essas qualidades. A sociedade quer que as mulheres – especialmente as jovens como eu – encaixem-se em sua ideia de força e independência. Se uma mulher é genuinamente resoluta e inteligente, ela é vista como arrogante e atrevida. Somos encorajadas a tomar nossas próprias decisões a respeito de nossa educação, carreira e sexualidade, mas pressionadas a nos vestir, agir e falar de uma determinada maneira. As mulheres reclamam do desrespeito dos homens, mas nossa cultura nos diz para expormos o nosso corpo por meio de roupas e comportamentos provocantes. Modéstia, castidade, confiança e inteligência verdadeira são ideias alheias à noção de uma mulher moderna de nossa cultura. Nossa sociedade está obcecada com a ideia de uma mulher forte – contanto que ela permaneça apenas uma ideia.

Sinto que é uma ironia bastante amarga que eu já conheça as dificuldades de ser uma mulher forte com apenas dezessete anos. Minha adolescência está repleta de exemplos de mim mesma mostrando força real e sendo julgada por fazê-lo. Eu realmente lutei contra isso até o último verão, quando fui a um retiro da LifeTeen de uma semana nas montanhas de Dahlonega, na Geórgia.

Esta foi sem dúvida uma das melhores semanas da minha vida. Uma das melhores partes foi o papo entre mulheres. Normalmente, desagradam-me muito as palestras para mulheres nos retiros. Não sou particularmente feminina, e elas sempre parecem versar sobre como somos as princesinhas de Deus. Credo. Mas essa palestra foi diferente. A oradora nos disse que, como jovens de Deus, possuímos uma dignidade inviolável e inerente.

Embora essa ênfase em nosso valor inerente seja algo que me ensinaram, nunca antes percebi o impacto que causa em outras pessoas realmente acreditar nisso. As palavras da oradora lembraram minha mãe, professoras, amigas e outras mulheres que se empenham e são um modelo de força feminina porque sabem que têm dignidade inerente em Deus.

Quando vivenciamos o que realmente significa ser uma mulher forte, ensinamos às nossas filhas, irmãs e amigas que o valor delas provém de Deus, e que disso resulta uma genuína confiança. Proporcionamos-lhes as ferramentas necessárias para que sejam sempre corajosas, sábias e articuladas, para que não compactuem simplesmente com a cultura quando sua consciência lhes diz que algo está errado. Seja você mesma uma mulher forte, e sua força guiará outras para Deus.

Avancemos! Continuemos subindo!

Passe algum tempo com as histórias da filha de Jairo, da mulher com hemorragia e da sogra de Pedro no Evangelho de Marcos, capítulo 5, e no Evangelho de Mateus, capítulo 8. Como essas histórias revelam um continuum de cura que Jesus deseja para os corações das mulheres?

Você tem uma lembrança particularmente alegre de si mesma quando jovem? O que lhe trouxe tanta alegria? Você acha que ainda se deleita consigo mesma como quando era menina? Por que ou por que não?

De onde vem o seu senso de autoestima? Você se vê como um deleite para o seu Pai celestial por sua própria existência? Existem maneiras de você basear seu valor no que pode fazer por Deus?

Que aspectos do seu coração Jesus pode querer curar e trazer de volta à vida? Como ele deseja que você se assente e se permita ser alimentada em vez de se levantar para servir?

9 Amor consumado

Desposada pela eternidade

"Leva-me contigo! Corramos!
Que o rei me introduza nos seus aposentos.
Queremos contigo exultar de gozo e alegria,
celebrando tuas carícias mais que ao vinho.
Com razão de ti se enamoram."

(Ct 1,4)

"O meu amado me fala e diz:
Levanta-te, minha querida,
vem comigo, minha formosa!
Eis que o inverno já passou,
passaram as chuvas e se foram.
Aparecem as flores na terra,
chegou o tempo da poda,
a rolinha já faz ouvir seu arrulho em nossa região."

(Ct 2,10–12)

"Quem é esta que sobe do deserto,
apoiada no seu amado?
Debaixo da macieira eu te despertei,
onde tua mãe te concebeu,
lá onde te concebeu e te deu à luz.
Põe-me como um selo sobre teu coração,
como um selo sobre teu braço!

Porque é forte o amor como a morte,
e a paixão é implacável como a sepultura:
suas centelhas são centelhas de fogo,
labaredas divinas."

(Ct 8,5-6)

Conheço muita gente que acha funerais difíceis, algo que lhes provoca ansiedade, mesmo os de pessoas que são apenas conhecidos. Conheço outras que acham perturbador até mesmo falar sobre morte. Pessoalmente, experimentei nos funerais alguns dos momentos mais reconfortantes e consoladores da minha vida, inclusive no mais doloroso deles. No enterro de meu filho Bryce, lembro-me de estender o braço para tocar seu minúsculo caixão com uma das mãos ao receber a Eucaristia. Naquela circunstância em particular, quando a morte de meu filho não poderia ser mudada, não consegui imaginar outra coisa neste mundo mais íntima e profundamente consoladora do que entregá-lo a Deus enquanto as antigas palavras de sabedoria da Igreja eram pronunciadas sobre nós dois no rito fúnebre, e depois receber a comunhão enquanto compartilhava com meu filho um último abraço terreno, na forma daquela mão estendida sobre o seu caixão.

Não sei se foi porque vivenciei a morte de entes queridos, avós e outros membros da família, desde cedo e com uma frequência singular em minha vida, ou apenas porque sou um pouco diferente da maioria das pessoas – afinal de contas, tomo estabilizadores de humor para tentar manter afastados meus pensamentos negativos obsessivos –, mas refletir sobre a morte e nossa mortalidade nunca pareceu estranho ou assustador para mim – o luto, sim, mas a morte em si nem tanto. E refletir sobre o céu e a eternidade tem sido para mim uma fonte de deleite imaginativo e deslumbramento curioso durante grande parte da minha vida.

Ao longo dos anos, o modo como eu via o céu em minha mente mudou. Quando era menina, imaginava a mim mesma rodopiando com o vestido mais esvoaçante e mais alvo de todos os tempos em um exuberante campo verdejante repleto de flores silvestres e borboletas amarelas voando alegremente. Durante a adolescência, foi a ideia do fim de todo choro e dor que me atraiu para o céu, imaginando-me em paz absoluta perto de um rio, sentada à sombra de uma árvore com Jesus ao meu lado, abraçando-me com ternura.

Quando cheguei à idade adulta, tentei aceitar a verdade teológica de que o céu não é um lugar, mas o estado em que minha alma estaria em união com Deus após a morte se eu tivesse merecido a salvação pela fé e pela graça. E, no entanto, eu ainda pensava em me reunir com meu próprio pai, em ver as ruas de ouro e em sentar-me ao lado de alguns dos meus santos favoritos para agradecer a eles por sua amizade e intercessão.

Quando enterrei meu menininho e depois perdi mais quatro filhos por abortos espontâneos, minha visão do céu tornou-se profundamente influenciada pelo desejo de voltar a segurar meus bebês nos braços. Ainda tenho muita esperança no céu como o lugar onde sentirei o peso dos meus santinhos contra o peito.

Por mais que eu tente contemplar o conceito de céu sem uma realidade física, parece que *não* consigo deixar de enxergá-lo como um lugar, com as almas que o habitam como pessoas, e com o Deus com quem experimentarei a plena comunhão como Jesus encarnado. Não consigo dissociar meu anseio pela eternidade de minhas experiências no mundo físico dentro de um corpo humano.

Já nem tento mais me convencer a deixar de lado essa visão, porque ela e o anseio pelo céu como um paraíso físico e uma realidade corporal são, de fato, o estado final que o universo alcançará quando Deus retornar e reunir o mundo plenamente para Si mesmo, restaurando-o à sua excelência e glória originais. Nesse momento, cada uma das almas no céu também será restaurada a um corpo físico em seu estado perfeito.

É maravilhoso pensar que o fim de todo o nosso anseio pelo Éden, o fim de todo o nosso desejo de retornar à perfeita harmonia que conhecíamos com Deus, Sua criação, nós mesmos e os outros, irá se concretizar no fim dos tempos. Primeiro, temos a esperança de que a salvação em Cristo e a vida de graça na Igreja nos conduzam a uma consumação espiritual do nosso amor a Deus no céu. A partir desse perfeito estado espiritual, aguardaremos com alegria o momento em que todo o mundo físico, incluindo nosso corpo humano, serão trazidos também a toda a sua glória.

Santa Teresa Benedita da Cruz escreveu para as mulheres: "Não podemos fugir da questão de quem somos e o que devemos ser". Se acreditamos na bondade de um Deus que nos criou para pertencer a Ele e viver em perfeito amor com Ele, sabemos que a verdade plena sobre quem somos e o que devemos ser como mulheres só pode ser a união espiritual final com Ele que esperamos desfrutar no céu, e depois a glória final de todo o universo sendo elevada ao seu estado original, onde nossa alma e nosso corpo viverão novamente na plenitude de sua perfeição do Éden. Toda a vida entre hoje e esse ponto deve ser imbuída dessa esperança, para que quem somos como mulheres seja definido por nossa perspectiva eterna. A forma como amamos a Deus, este mundo, a nós mesmas e aos outros deve refletir manifestamente que acreditamos que há um pouco da imagem divina impressa em toda alma humana e em todos os aspectos da criação, e que um dia testemunharemos essa imagem em toda a sua glória.

Se é isto quem somos, então quem deveríamos ser é facilmente definível. Somos mulheres que buscam essa harmonia de todas as formas possíveis enquanto habitamos esta terra em corpos físicos, que vivem para desenvolver uma intimidade mais profunda com Deus e, aprendendo a amá-Lo mais profundamente, aprendem também a amar a si mesmas e aos outros mais profundamente. Somos mulheres que desejam abraçar nossas capacidades criacionais, encarnacionais e relacionais, escolhendo vulnerabilidade e intimidade em vez de ocultação e vergonha enquanto aguardamos o dia em que podemos voltar a caminhar livremente dentro de nosso corpo em amor consumado com nosso Criador, a segunda vinda de nosso paraíso do Éden.

Considerando a consumação

Durante muito tempo, foi difícil para mim ler as imagens das escrituras de Deus chamando a humanidade – Seu povo e nossas almas individuais – de amada ou desposada em um sentido claramente conjugal. A ideia de uma comunhão espiritual tão íntima com Deus provocava em mim um impulso de recuar, principalmente porque isso fazia eu me sentir desejada de uma maneira que exigia minha nudez, minha vulnerabilidade e minha aceitação de Seu amor consumado. E isso me parecia desagradável, como um pouco de amor *além da conta*.

No entanto, qualquer um de nós que deseje um relacionamento com Deus também deseja, sem dúvida, passar a eternidade com Ele no Céu; essa esperança nos aproxima de Seu amor e misericórdia. E o estado que almejamos no Céu é aquela comunhão profunda e íntima diante da qual hesitei quando ouvi a seu respeito por meio de ouvidos terrenos. Nosso objetivo final é consumar plenamente nosso amor com nosso Amado e sermos a humanidade desposada por Ele, para que nossa alma se junte a Deus em uma união perfeita por toda a eternidade.

Analisando mais de perto o significado da palavra *consumação*, ela se torna menos desagradável. *Con* é um prefixo familiar que significa "junto", mas também pode ser interpretado como "a união de duas coisas"; *suma*, a raiz da palavra, significa "a forma mais elevada de algo"; e ção é um sufixo que indica ação. Portanto, amor consumado é o ato de amar que une coisas em sua forma mais elevada. Deus, é claro, é imutável, então Ele existe eternamente em sua forma mais elevada. Nós é que somos elevados ao receber e retribuir esse amor consumado de Deus.

Quando nossa alma estiver unida a Ele na comunhão final e eterna do Céu, alcançaremos a forma mais elevada de nós mesmos no auge do amor a Deus. Essa união espiritual com nosso Criador nos devolverá ao perfeito estado de conexão e harmonia em que fomos feitos para desfrutar com Ele, quando nos criou e nos imaginou existindo. Tendo eliminado toda mancha de nossa concupiscência, seremos capazes de desnudar nossa alma diante Dele, naquela perfeita vulnerabilidade que era a nossa nudez do Éden, para ser desposada por Ele, unida a Ele em um abraço eterno e íntimo de completa comunhão que o amor dos esposos é destinado a imitar em sua forma terrena.

O *Catecismo da Igreja Católica* refere-se a essa consumação celestial da seguinte maneira:

> *Para o homem*, esta consumação será a realização final da unidade do gênero humano, querida por Deus desde a criação e da qual a Igreja peregrina era "como que o sacramento". Os que estiverem unidos a Cristo formarão a comunidade dos resgatados, a "Cidade santa de Deus", a "Esposa do Cordeiro". Esta não mais será atingida pelo pecado, pelas máculas, pelo amor-próprio, que destroem e ferem a comunidade terrena dos homens. A visão beatífica, em que Deus Se manifestará aos eleitos de modo inesgotável, será a fonte inexaurível da felicidade, da paz e da mútua comunhão. (*CIC*, 1045)

Passamos nossa vida terrena tentando retribuir a Deus o amor perfeito que Ele nos oferece através da névoa das imperfeições de nossa alma. Temos vislumbres da beleza de Sua misericórdia, compaixão e amor por nós que nos estimulam a encarar a corrida rumo à nossa união definitiva com Ele. Nosso coração é compelido a ansiar por essa união, mesmo nos momentos em que parece que estamos rejeitando Seu amor e nos afastando Dele. Por termos sido criados por Deus e para Deus, nunca podemos obstruir totalmente o anseio de nosso coração de aceitar e retribuir Seu amor por nós, não importa o quanto nossas próprias feridas nos façam virar as costas para esse amor ou erguer um muro nada saudável de indiferença ao redor de nosso coração.

Esses estados de distância e separação muito provavelmente indicam uma noção aguda, ainda que subconsciente, desse anseio, do qual nosso sentimento de vergonha e desmerecimento faz com que nos escondamos, assim como Eva reagiu ao seu próprio pecado no Éden. Mas ansiamos, de fato, por Seu amor consumado, pois somos projetados precisamente para fazê-lo. Nossa vida na Terra, se estamos buscando sinceramente a vida trinitária de fé, é uma busca cada vez maior de intimidade com nosso Deus que cria um desejo mais profundo de viver na eterna perfeição do amor com Ele. Para alcançar o auge do amor com nosso Amado, semelhante à intimidade conjugal na profundidade da união de nossa alma com a Dele, Deus derramará seu amor perfeito para nós de forma inesgotável, e seremos eternamente satisfeitos retribuindo esse amor.

Considerando essa verdade, minha reação inicial de recuar diante de tal noção de união com Deus se dissipa e, como uma jovem entusiasmada com as primeiras noções de amor, coro de emoção e desejo em vez de um sentimento de desmerecimento e vergonha. Deus vem atrás de mim e me atrai para o amor com Ele durante meus dias terrenos para que um dia possa reivindicar-me plenamente como Sua, envolvendo-me na união do Éden que meu coração foi criado para conhecer.

Uma foto do meu casamento há quase vinte anos será sempre uma de minhas preferidas, pela lembrança que evoca. Meu marido e eu abraçados em nossa primeira dança como casal. Ele sorri de modo travesso, enquanto eu inclino a cabeça em seu peito com um suave rubor subindo do pescoço até as bochechas, timidez no meu sorriso. Ele aludira ao que viria a seguir quando pudéssemos nos retirar da multidão da festa e finalmente ficássemos os dois a sós, e eu, de forma vulnerável, manifestara-lhe minha alegria combinada com uma ligeira apreensão ao pensar em seu desejo por mim.

Nosso relacionamento com Deus durante nossa vida terrena é muito parecido com a primeira dança. Apaixonamo-nos cada vez mais por Ele à medida que aceitamos o Seu amor por nós, até que finalmente estamos de mãos entrelaçadas, num diálogo direto, atraídos por Ele e em harmonia com Sua vontade, retribuindo o amor que Ele nos ofereceu. No fim de nossa vida, se aceitamos plenamente esse amor, deixamos a pista de dança e a multidão de convidados da festa para sermos conduzidos à união íntima do amor consumado, desposados para sempre por nosso Deus, verdadeiramente nus diante Dele em espírito, e regozijando-nos no eterno êxtase dessa união.

Sim, Deus anseia por nós como um noivo deseja sua jovem noiva. E não precisamos ficar tímidos por saber de Seu desejo ou sentir vergonha de sermos tão profundamente desejados. Devemos apenas deixar que sejamos cortejados por Ele enquanto desfrutamos de Seu amor, sabendo que é nesse acolhimento que seremos conduzidos por Sua mão a uma eternidade de união inesgotável com nosso Criador. O instinto do Éden que nos atraiu à noção de perfeita harmonia com Ele durante nossa vida terrena irá se tornar realidade.

De volta ao jardim com o Amado

A Conferência dos Bispos Católicos dos Estados Unidos, em seu texto de introdução sobre os Cânticos de Salomão, diz:

> Os Cânticos de [Salomão] (ou Cântico dos Cânticos) é uma coleção de belos poemas de amor, organizada para contar uma história dramática de desejo e cortejo mútuos (...) os Cânticos foram considerados uma representação e elogio sublimes desse amor mútuo do Senhor e Seu povo. Escritores cristãos interpretaram os Cânticos em termos da união entre Cristo e a Igreja e da união entre Cristo e a alma individual.[14]

Essa épica canção de amor da alma à espera de seu amado é uma canção de desejo, de cortejo – o Senhor cortejando-nos para a eternidade com Ele, enquanto clamamos por Ele para que venha nos buscar e nos reivindicar como Seus. Cantamos para Ele como parte do todo do corpo da Igreja e o fazemos também de forma individual, nossa própria alma ansiando pessoalmente por nosso Amado.

Nesse constante intercâmbio entre os dois amantes, nós mulheres cantamos para o nosso Deus, e Ele, por sua vez, nos responde. Nós clamamos por Ele enquanto aguardamos sua vinda e cantamos de volta Seu amor por nós. Em sua canção há tanto anseio por nós quanto na nossa por Ele. Iniciamos a canção implorando a Ele: "Leva-me contigo! Corramos!" para que possamos em Ti "exultar de gozo e alegria". Entoamos com o exército de almas que também o exaltam, reconhecendo que "com razão de ti se enamoram" (Cânticos de Salomão 1,4). Tantas vezes me peguei em oração, implorando ao Senhor para que viesse, que apenas se apressasse e viesse logo, sem nem mesmo saber ao certo por que estava de fato orando, se pelo desejo de sentir Sua proximidade agora ou um desejo literal de que Ele viesse e restaurasse este mundo ferido em

14 "The Song of Songs—Introduction", USCCB. Disponível em: http://www.usccb.org/bible/songofsongs/0.

que vivemos. Seja como for, eu anseio profundamente por Ele, e muitas vezes clamo-Lhe com a mesma urgência dessa canção de amor, minha alma implorando por Sua proximidade, ansiando por tocá-Lo, para que eu seja libertada do doloroso anelo e me junte aos cânticos de louvor entoados pelo coro dos redimidos.

E o Senhor, ouvindo nossa canção de amor e anseio, responde, dizendo-nos onde encontrá-Lo: "Segue os rastos das ovelhas" até Ele, "junto às tendas dos pastores" (Cânticos de Salomão 1,8). O Bom Pastor, aquele que cuida de nosso coração, nos chama a Ele no pasto de seu rebanho, oferecendo-nos as pegadas deixadas por aqueles que nos precederam como um caminho a seguir até Ele. Não somos chamados como ovelhas do rebanho, tal qual somos aqui na Terra, mas alçados à condição de Sua amada noiva com a qual Ele deseja consumar Seu amor. Ele olha para nós e entoa Seu próprio anseio, Seu desejo por nossa alma: "Como és bela, minha amada! Como és bela" (Cânticos de Salomão 1,15).

Não é sempre que vou orar, fecho os olhos e simplesmente deixo o amor do Senhor tomar conta de mim, ouvindo-O cantar seu desejo por meu coração e aceitando Sua declaração de minha beleza. No entanto, esta é a canção de quem retorna ao jardim do Paraíso, de alguém que se lembra de quem ela era no Éden, a canção daquelas que confiam que fomos feitas no amor e para o amor. Mesmo que nosso corpo decaído tenha muitas vezes se afastado desse amor, se purificamos nossa alma com a fragrância de Sua misericórdia, Ele olha para nós e vê a beleza que via no Éden. Ele anseia por nos abraçar e cantar intimamente em nosso ouvido quão belas acha que realmente somos, o quanto deseja unir-se a nós em uma comunhão eterna.

Retornamos novamente ao nosso canto, ao nosso chamado, um chamado dos corações que aguardam, que se sentam do lado de fora do jardim à sombra de sua adorável criação, reconhecendo que Sua intenção para nós é amor, e que Ele nos alimentará à mesa do banquete até estarmos empanturradas, saciadas, satisfeitas Nele. Aguardamos na Terra com esse desejo. Às vezes, esquecemos aquilo pelo que ansiamos, esquecemos que o que aguardamos é amor e satisfação plena em nosso Deus. Outras vezes, convencemo-nos de que ficamos esperando que Ele nos puna, ou esperando que chore conosco sobre o estado de nossa alma, mas nosso trabalho terreno, o trabalho que torna nossa alma em espera pronta e bela para Ele, é a nossa expectativa de Seu amor, nossa fome de satisfação Nele, nosso próprio desejo de consumar esse amor. É essa expectativa que nos chama a obedecê-Lo, a aguardar com paciência por Ele até O vermos vir para nós – entregues na fé à realidade de que Ele realmente virá em Seu tempo e que virá apenas com a intenção de nos amar. Começamos a despir nossa alma diante Dele, aguardando nuas e nos rendendo à total confiança em Sua intenção de nos amar.

Por fim, o Noivo nos ordenará a levantar e vir, assim como Ele tantas vezes fez na pessoa de Jesus a uma alma doente ou sofredora, para que se levantasse e viesse até Ele. Assim como Ele faz por nós quando se oferece como sacrifício no altar e, em seguida, pede que literalmente nos levantemos e o recebamos, comunguemos com Ele, O consumamos. Ele nos convocará por trás do véu para que possamos nos levantar e vir pela última vez. Tendo permitido a Ele curar nosso coração partido com a graça de Seu toque e os sacramentos que nos unem à Sua amada noiva, a Igreja, estaremos prontas para atender ao chamado e correr para Ele, pelos montes, nossas almas sabendo que "o meu amado é todo meu, e eu sou dele", confiantes de que, enquanto vivermos, "antes que sopre a brisa da tarde e cresçam as sombras", podemos expressar nossos mais profundos anseios por amor a Ele, e Ele virá correndo para atendê-los "como a gazela" saltando pelos montes (Cânticos de Salomão 2,16–17).

E assim prossegue o intercâmbio, o coração desejoso de nosso Deus por nós e o nosso por Ele, até o momento em que Ele finalmente chega e declara seu amor incessante: "Roubaste meu coração, minha irmã e minha noiva, roubaste meu coração com um só de teus olhares (...) Como são ternos teus carinhos, minha irmã e minha noiva!" (Cânticos de Salomão 4,9–10). Nosso Deus nos lembra de que Ele foi arrebatado pelo amor por nós desde o dia em que os portões do jardim se fecharam e nossa união íntima foi rompida. Ele nos contemplou com um profundo desejo de retornar a essa união, e toda vez que retribuímos o olhar de amor, Seu coração se inundou de ainda mais amor por nós.

Então, entoamos nossos cânticos de amor a nosso Deus com nossa vida, e Ele a nós com seu amor salvífico até que, finalmente, sejamos conduzidas à completa consumação desse amor por toda a eternidade. Chegaremos ao Paraíso "apoiadas em nosso Amado", redimidas por um amor "forte como a morte, uma paixão implacável como a sepultura" (Cânticos de Salomão 8,5–6), até que retornemos ao jardim e voltemos a caminhar nuas e sem vergonha com nosso Deus, todos os nossos anseios agora satisfeitos, entoando a extasiante canção de "Hosana, Hosana, Hosana nas alturas".

Devolvendo nosso corpo a nós

O *Catecismo da Igreja Católica*, versando sobre o triunfo final de Cristo, quando ele vier para remir a Terra e tudo o que nela existe, nos lembra que "No fim dos tempos, o Reino de Deus virá em sua plenitude. Após o julgamento universal, os justos reinarão para sempre com Cristo, glorificados em corpo e alma. O próprio universo será renovado" (*CIC*, 1042).

É difícil acreditar que, mesmo depois de experimentarmos o amor consumado de nosso Deus em um nível espiritual e estarmos certos de que desfrutaremos do êxtase desse amor pela eternidade, ainda há mais glória por vir. Mas, sim, há! Porque no dia em que o reino do Senhor vier e todo o universo for renovado e voltar a ser restaurado à sua glória original e imaculada, nosso corpo terreno irá experimentar essa mesma renovação e será restaurado para nós, reunindo os dois aspectos de nós mesmos, o corpo e a alma, na perfeição do Reino vindouro em sua plenitude.

Algumas das mais maravilhosas esperanças que já testemunhei ocorreram em funerais de crianças que viviam em corpos que sofriam de deficiências física e mental. Seus pais e parentes, mesmo em luto, sempre se consolam com a ideia de imaginá-los livres das limitações desses corpos e capazes de estar plenamente vivos diante de Deus. Em geral, essa alegria é traduzida em uma experiência corporal, uma visão de seu filho, que vivia intocado pelo pecado porque suas habilidades limitadas o tornavam incapaz de escolher qualquer outra coisa senão o amor, correndo livremente por exuberantes campos verdejantes para os braços de Deus, dançando, jogando a cabeça para trás de tanto gargalhar, vendo cores pela primeira vez, ou entoando em perfeita harmonia o canto dos santos.

Eles têm toda a razão em abraçar e imaginar essa esperança. Todas nós podemos compartilhar a crença de que um dia nosso corpo voltará a ser nosso, e saberemos como era ser mulher no Jardim do Paraíso porque viveremos essa vida para sempre sob o reinado triunfante de Deus. É por isso que estamos livres de toda obrigação de sentir vergonha de nosso corpo enquanto o habitamos na terra, de absorver a mensagem do mundo de que em nossa forma física nunca somos o bastante e também somos em demasia, de que o cuidado para com o corpo é egoísta, enquanto o sacrifício de seu bem-estar é sagrado.

Deus não apenas não odeia nosso corpo, mas aguarda o momento em que os céus e a terra serão glorificados Nele e nosso corpo será devolvido a nós – o ato final de seu grande amor por Sua criação.

A Igreja nos diz que "longe de diminuir nossa preocupação em desenvolver esta terra, a expectativa de uma nova terra deve nos estimular, pois é aqui que o corpo de uma nova família humana cresce, prenunciando de alguma forma a era que está por vir" (*CIC*, 642). Podemos estender essa mesma crença para desenvolver nosso relacionamento com nosso corpo humano, sabendo que em nossa "preocupação em desenvolver" um relacionamento saudável com ele estamos expressando "nossa expectativa de uma nova terra" que "nos estimule" a amar a criação de Deus, incluindo a nós próprios, nossa identidade palpável, encarnada e corporal, que é parte dessa criação.

Nosso trabalho terreno de cuidar da criação como o lar que Ele nos concedeu, de nós mesmos como feitos à Sua imagem e de nosso próximo como nossa família Nele é um prenúncio da eterna realidade que está por vir – a princípio como triunfo espiritual e, um dia, também como triunfo físico. Que outra permissão precisamos para enxergar nosso corpo como parte vital e integral de nossa vida em Cristo, de nossa salvação, senão a consciência de que, no reino final de Deus, Ele o devolverá a nós em seu estado glorificado e exultará em nós enquanto nos regozijamos com o seu retorno!

O *Catecismo* prossegue dizendo: "Pois todos os bens da dignidade humana, da comunhão fraterna e da liberdade, ou seja, todos os frutos excelentes da natureza e do nosso esforço, depois de os termos propagado pela terra, no Espírito do Senhor e segundo o Seu preceito, voltaremos de novo a encontrá-los, mas então purificados de qualquer mancha, iluminados e transfigurados, quando Cristo entregar ao Pai o Reino eterno e universal" (*CIC*, 1050). Imagine o momento em que o Espírito Santo se move pelo mundo que criamos com nosso corpo encarnacional, nosso intelecto criacional e nosso amor relacional e assinala os frutos desses esforços para Jesus, que então os reúne junto com os corpos que os criaram e os entrega ao Pai para se tornarem parte do reino eterno, o reino que abarca todas as coisas.

Para nós, não pode haver esperança maior do que esta. É uma esperança física e tangível, o fim da história que começou no Éden, quando éramos todas Eva, e termina – temos fé nisso – com um novo paraíso cheio de corpos femininos glorificados libertados de todo pecado e mácula e plenamente livres em sua nudez para adorar a Deus, a Sua criação, a si mesmos e uns aos outros na vitória triunfante. Toda remoção gradual da mentira da vergonha que conquistamos aqui na terra, todo vislumbre vulnerável de nossa nudez espiritual, é um indício dessa vida que virá, e é a centelha que inflama nossa paixão de retornar ao Éden e viver o amor consumado do nosso Criador. A crescente confiança em nosso instinto edênico é um sinal de nossa crença cada vez maior no desejo de Deus por nós e no nosso desejo de nos entregar "santificadas e sem culpa em adoração diante Dele", sabendo que a união desses desejos um dia nos conduzirá plenamente de volta a nós mesmas em eterno êxtase.

A história de Mary

No momento em que minha filha Courtney avançou como uma locomotiva a todo vapor durante o trabalho de parto, e as enfermeiras da Obstetrícia gritaram comigo enquanto meu corpo desabava sob o ataque, senti-me um fracasso. Um parto deveria ser menos complicado do que aquilo. Ainda hoje, vinte e cinco anos depois, lembro-me de tentar controlar meu corpo pesado, concentrando-me em inspirar e expirar para aliviar a dor, enquanto minha filha lutava para vir ao mundo, sendo continuamente lembrada da guerra que sempre travei com meu corpo.

Instantes após o nascimento, Courtney aninhava sua cabecinha cabeluda sobre o meu coração acelerado, com as pernas dobradas para cima, respirando suavemente e contente enquanto meus braços a protegiam de todo mal. Imaginei que, apesar de ter tido um parto difícil, teria força física para cuidar daquela garotinha e de seu irmão que mal andava ainda. Eu estava em paz comigo mesma.

Mal sabia eu que a paz não duraria. Poucas semanas depois, começaram as crises. O corpo de Courtney entrou em colapso, contorcendo-se de dor e confusão. Quando o tremor cessou e sua respiração se acalmou, eu a peguei, sua cabeça contra o meu peito, e a envolvi em meus braços. Apesar da realidade das convulsões, senti que, no meu colo, ela não sofreria mal algum. Senti como se meu corpo pudesse protegê-la. Viveríamos esse ritmo do corpo dela entrando em colapso e o meu confortando-a pelos vinte e dois anos seguintes.

Enquanto Courtney crescia, entrei em um novo tipo de guerra corporal. Embora jamais espezinhasse outras mulheres pelo tanto que pesavam, de alguma forma acreditava que não havia problema em me sentir envergonhada pela minha obesidade. Porque a verdade é que meu ganho de peso e perda de força muscular afetaram diretamente a minha capacidade de cuidar dos meus dois filhos. Havia dias em que eu não conseguia levantar da cadeira com Courtney nos braços ou erguê-la de sua cama, dias em que eu não conseguia agachar-me no chão para brincar de Lego com meu filho.

Entrei em um círculo vicioso de ódio a mim mesma e culpa. Como os medicamentos para as convulsões roubaram a visão e o equilíbrio de Courtney, e os danos cerebrais resultantes destruíram seus músculos, tornei-me suas mãos e pés. Infelizmente, isso significava que meus braços estavam sempre queimando e minhas costas urravam de dor. Continuei insistindo por dedicação amorosa a ela, mas tive que encarar uma terrível verdade. Toda a minha própria dor física e emocional era autoinfligida. Se por um lado eu tinha o poder de mudar minha situação física, por outro era mental e emocionalmente incapaz de fazê-lo.

Conforme o tempo foi esgotando nossos corpos e me dei conta de que os dias de Courtney aqui estavam chegando ao fim, descobri que, apesar das minhas limitações físicas, eu sempre fui o porto seguro de Courtney. Durante anos, eu a carreguei, amparei e protegi. Independentemente do meu peso, fiz o melhor que pude por ela. E era hora de deixar de lado a culpa e a vergonha.

Após a morte de Courtney, uma mudança sutil me sobreveio. A culpa foi substituída por gratidão e a vergonha, ofuscada pela graça. Os tambores da guerra se aquietaram e, apesar do meu luto, meu coração estava em paz. Havia aceitado o meu corpo pelo que era e tenho orgulho do que ele realizou. Com meu corpo e todas as suas imperfeições, eu amara e o fizera intensamente. E isso basta.

Avancemos! Continuemos subindo!

Qual é a sua relação com a ideia de morte e mortalidade? Como o seu relacionamento com Deus afeta seus pontos de vista? Como seus pontos de vista afetam seu relacionamento com Deus?

Como você reage à ideia de Deus se relacionando conosco como um amante? O que o amor consumado Dele significa para você?

Você já pensou em como será reunir-se com seu corpo físico no fim dos tempos? O que há de triunfante nessa ideia?

Imagine seu corpo glorificado em uma Terra glorificada. Ore ou escreva uma oração de agradecimento a Deus pela esperança espiritual do Céu e pela esperança da glorificação final do mundo físico.

10 Sacristãs de nossos próprios templos

Orações e bênçãos para o seu corpo

Deus Todo-Poderoso, Pai de nosso Senhor Jesus Cristo, que te libertou do pecado e te deu nova vida pela água e pelo Espírito Santo, te unja com o crisma da salvação, para que, incorporado ao Seu povo, sejas para sempre membro de Cristo Sacerdote, de Cristo Profeta e de Cristo Rei.

(Do Rito de Batismo)

Senhor Jesus Cristo, nosso Redentor, pela graça do teu Espírito Santo cura a fraqueza do teu servo. Cura sua doença e perdoa seus pecados; expulsa todas as aflições da mente e do corpo; misericordiosamente restitui-lhe a saúde plena e capacita-o a retomar suas funções anteriores, pois tu és o Senhor para todo o sempre. Amém.

(Do Rito da Unção)

"E esta é a vontade de quem me enviou: que eu não perca nenhum daqueles que me deu, mas que o ressuscite no último dia."

(Jo 6,39, citado no *Rito de Compromisso Católico*)

Acomodei-me confortavelmente no canto do sofá da sala de estar em tom branco cremoso, olhando para o rosto de uma nova amiga sentada à minha frente, enquanto compartilhávamos as histórias de nossas batalhas corporais. Contei-lhe sobre o meu esgotamento, meu hábito de internalizar o estresse de todos ao meu redor e me envolver em comportamentos autodestrutivos, como minha luta contra a balança fez eu me sentir inaceitável desde a adolescência. Ela tocou os cortes em cicatrização em meus ombros, subitamente consciente deles, enquanto passava por mim ao voltar do banheiro. Contou-me como ela própria também lutara contra problemas de imagem corporal por causa de seu peso e tamanho desde muito jovem, como seu pai a levou para seu primeiro programa de perda de peso antes de ela terminar o ensino fundamental, como nos últimos anos havia se punido incessantemente com caros programas de treino bootcamp, sentindo o alívio de perder peso e depois a vergonha por voltar a engordar.

Nós duas falamos de nossas experiências de como o Jubileu Extraordinário da Misericórdia anunciado pelo Papa Francisco nos trouxe a inesperada lição de ouvir Deus falar claramente que Ele queria que tivéssemos misericórdia de nosso corpo. Ela me contou como de repente se sentiu chamada a parar de empurrar a pedra de seu peso montanha a cima e deixá-la deslizar de volta sobre ela, como o Sísifo da mitologia. Ela disse que levou sua dor e frustração a Deus e Ele lhe ofereceu liberdade em Seu amor misericordioso, e simplesmente perguntou: "Você será gorda por Mim?" – significando: "Você simplesmente será quem Eu a criei para ser para Mim?". Ela me contou como uma noite finalmente desistiu da batalha e deixou que Deus a tivesse exatamente como ela era. Ficou no chuveiro e orou abençoando todas as partes do corpo ao lavá-lo: "Obrigada, Deus, por estes braços que servem a Ti e à minha família diariamente. Obrigada, Deus, por esta voz que canta Seu louvor. Obrigada, Deus, por estes olhos que refletem Seu amor..."

Poucos dias depois, testemunhei aquela amiga subir ao palco e contar a mesma história a um auditório apinhado de mulheres – vulnerável, descascando o verniz de perfeição e abrindo-se para elas – e senti a sala ser tomada pelo silêncio, mas também por um palpável suspiro de alívio, o coração das mulheres soltando um quase audível "Você também?"

Minha maior esperança é que cada uma daquelas mulheres, naquele suspiro de alívio, também se lembre da permissão de abençoar seus corpos em amor e misericórdia, como fez essa minha amiga. Espero que todas vocês, como leitoras deste livro, cheguem ao fim dele conscientes da mesma permissão.

São Paulo chama nosso corpo de "templo do Espírito Santo" e, como membros batizados da igreja, somos todas incorporadas no chamado ao sacerdócio de Cristo (1Cr 6,19). E se aceitássemos esse chamado figurativo como mulheres e nos permitíssemos ser as guardiãs de nossos templos corporais, as sacristãs do espaço sagrado em que vivemos nossa vida espiritual? E se parássemos de pensar no chamado "de oferecer-se como sacrifício vivo, santo e agradável a Deus" como um chamado para nos entregarmos a ponto de nosso próprio prejuízo, e nos lembrássemos de que esse chamado começa com a frase "pela misericórdia de Deus" (Rm 12,1)? Sua misericórdia torna nosso corpo sagrado e agradável, e talvez o sacrifício necessário resida em cuidar dele para que possa ser oferecido a Ele como criação digna.

No início deste capítulo, transcrevi frases de alguns ritos sacramentais da Igreja que reafirmam essa permissão com palavras que a nossa Santa Madre Igreja, amada noiva de Cristo, de cujo corpo somos membros, nos declara em sua sabedoria, proclamando a excelência de nosso corpo e oferecendo-lhe bênçãos.

O que se segue neste capítulo são bênçãos, meditações e orações que podem servir de inspiração e exemplos para você na medida em que é alçada ao papel do sacerdote, como guardiã de seu templo sagrado e corporal. Minha esperança é que você as deixe elevar-se para o alto como o incenso que purifica o altar da oferta enquanto você se entrega, de corpo e alma, ao consumado amor de nosso Deus. Minha esperança é que, ao assimilar as ideias deste livro, você comece a enxergar seu corpo como uma bênção, como a resposta para o que significa ser mulher, e remova o que serviu como sua folha de figueira da vergonha, retornando a uma voluntária dependência de Deus e de Sua misericórdia. Sua nudez a lembra de quem você era quando era Eva e quem você será quando o Reino de Deus prevalecer pela eternidade – unida para sempre em seu corpo e alma ao perfeito amor do Pai na gloriosa maravilha de um universo totalmente remido e restaurado.

Orações e bençãos

Ladainha de agradecimento pelo seu corpo

Eu a encorajo a fazer esta oração em um momento em que possa ir devagar, em silêncio e em total privacidade, oferecendo um toque de amor a cada parte do seu corpo conforme você a recita.

Senhor, tende piedade do meu corpo.

Cristo, tende piedade da minha alma.

Senhor, tende piedade de minha mente e emoções.

Cristo, escutai-me.

Cristo, escutai-me misericordiosamente.

Deus Pai, Criador do meu corpo, tende piedade de mim.

Jesus Cristo, Senhor Encarnado, tende piedade de mim.

Espírito Santo, que me cobre de amor, tende piedade de mim.

Por estes cabelos em minha cabeça que contastes fio por fio, agradeço a Vós, Senhor.

Por estes olhos que absorvem a beleza da Vossa presença ao meu redor, agradeço a Vós, Senhor.

Por estes lábios que Vos louvam e elevam meu coração a Vós, agradeço a Ti, Senhor.

Por esta boca que prova Vossa bondade e é satisfeita por Vossa mão, agradeço a Vós, Senhor.

Por este peito que abriga com segurança o coração que bombeia a vida através deste corpo, agradeço a Vós, Senhor.

Por estes ombros que suportam um jugo que é suave e um fardo que é leve por causa de Vossa misericórdia, agradeço a Vós, Senhor.

Por estes braços que abraçam a vida e expressam amor de muitas maneiras, agradeço a Vós, Senhor.

Por estas mãos que criam e embelezam, amam e servem, agradeço a Vós, Senhor.

Por estes seios que me lembram de que fui feita para prover e nutrir a vida, agradeço a Vós, Senhor.

Por este abdômen que tem sido ao mesmo tempo uma bênção e um campo de batalha e pelas cicatrizes que carrega, agradeço a Vós, Senhor.

Pelas partes de mim que me distinguem como mulher e conectam o meu corpo aos ciclos da vida, agradeço a Vós, Senhor.

Por estas pernas fortes que me permitem ficar de pé diante de tudo que a vida traz com uma esperança confiante, agradeço a Vós, Senhor.

Por estes pés que me levam aonde Vós conduzis, agradeço a Vós, Senhor.

Cordeiro de Deus, que tirais os pecados das minhas paixões desordenadas, perdoai-me, Senhor.

Cordeiro de Deus, que tirais os pecados do meu ódio a mim mesma e insatisfação, perdoai-me, Senhor.

Cordeiro de Deus, que tirais os pecados das minhas autonegligência e percepções errôneas, perdoai-me, Senhor.

Deus todo-poderoso e eterno, criador e amante da minha alma, olhai estes louvores e dai-me um amor renovado por este corpo que Vós me concedestes, animado pelo movimento do Vosso Espírito para viver em Vossa graça e compaixão, e concedei que um dia este corpo conheça a glória do Vosso triunfo eterno ao encontrar minha alma no Céu, onde Vós reinais para todo o sempre. Amém.

Salmo de louvor por como você é feita

Esta oração é uma recitação com respostas do Salmo 139,13–18 segundo a tradução da Bíblia A Mensagem *(Edição Católica). É bom orar quando você precisa se lembrar de sua própria excelência e de que você é amada e querida por Deus.*

Leia: "Ah, sim, você me moldou primeiro por dentro e depois por fora."

Responda: Célula por célula, você me moldou, ó Deus. Não há nada que eu precise esconder de você porque você conhece todas as partes de mim. Você moldou meu corpo sobre minhas partes mais recônditas em um singular reflexo Seu.

Leia: "Você me formou no ventre de minha mãe."

Responda: Eu fui desejada por você desde o início. Não importa a aprovação ou desaprovação dos outros sobre quem sou, porque foram Sua sabedoria eterna e Seu amor perfeito que me formaram.

Leia: "Agradeço a você, Deus supremo: você é de tirar o fôlego!"

Responda: De tirar o fôlego não apenas por ser o bom Deus que você é, mas pela maneira como você me fez. Quão difícil é para mim dizer. Mas sim, agradeço a você, Altíssimo, por todos os entrelaçamentos e células que você teve tanto cuidado em criar para me tornar quem eu sou. Você é de tirar o fôlego, Deus, em Seu amor criativo e Sua bondade para comigo.

Leia: "De corpo e alma, sou maravilhosamente feito!

Eu venero em adoração: que criação!"

Responda: Direi, Senhor, e rezo pela fé para crer mais a cada dia: sou uma maravilha da sua criação, corpo e alma feitos à Sua imagem, e carrego as impressões digitais do Seu amor em cada parte de mim. Eu O adorarei, Deus, pela maravilha que você fez de mim. Que bela criação eu sou, de fato.

Leia: "Você me conhece por dentro e por fora,

você conhece todos os ossos do meu corpo;

Você sabe exatamente como eu fui feito, pouco a pouco,

como eu fui esculpido do nada para algo."

Responda: Nenhum pensamento meu, nenhuma imperfeição, nenhuma falha, nenhuma dúvida, nenhuma incerteza precisa ser escondida de você, ó Senhor, porque você conhece cada pedaço de mim, toda sinapse e conexão, todo processo de pensamento e fluxo de minhas emoções, como me movo e o que me move. Você conhece tudo de mim, porque foi você quem pegou o vazio do nada e transformou em mim!

Leia: "Como um livro aberto, você me viu crescer da concepção ao nascimento;

todas as etapas da minha vida foram espalhadas diante de você."

Responda: Senhor, liberte-me do pensamento de que preciso esconder qualquer aspecto de mim ou da minha vida de você. Você já leu toda a minha história. Você é o autor da minha vida. Minhas imperfeições não são motivo para eu me esconder, porque em vez de repelir você, elas O atraem para mim, meu salvador e Redentor. Eu sou um livro aberto diante de você, Senhor. Confio em você para escrever uma história de amor com a minha vida.

Leia: "Os dias da minha vida, todos preparados antes mesmo de eu viver um só dia."

Responda: Os dias da minha vida não foram apenas contados ou concedidos ou jogados ao acaso diante de mim, mas preparados por você, ó Deus, cada qual uma dádiva que desabrocha com graça, a oportunidade de vê-lo em ação dentro de mim e ao meu redor, e amar você em troca de seu grande amor. Obrigado, Senhor, pela preparação que você fez para os dias da minha vida, eu os usarei para louvá-Lo.

Leia: "Seus pensamentos – que raros, que lindos! Deus, nunca vou compreendê-los!"

Responda: Sim, Senhor, nunca vou compreender os pensamentos que O levaram a me criar, mas viverei na confiança de que eles foram a rara e bela execução de sua perfeita e criativa vontade que desejava minha existência, e ponderarei a excelência deles todos os meus dias.

Amém.

Unção das partes "feias"

Reserve um tempo para fazer esta breve oração quando estiver criticando sua aparência ou certos aspectos do seu corpo ou quando lhe faltar autoconfiança. Se possível, use óleo ungido, óleos essenciais reconfortantes ou óleo de coco para abençoar essa parte do seu corpo ao terminar sua oração.

Meu querido Abba,

Vê esta parte de mim, bem aqui? Quero crer que você a fez e pretendia que fosse como é, mas a olho, Senhor, e não consigo imaginar que isso possa ser verdade. Não há nada aqui que pareça refletir sua beleza, ou qualquer outra beleza. Dê-me seus olhos para me ver como você me vê, mesmo esse detalhe que parece que você pode ter esquecido. Apague as críticas em minha mente e deixe-me ouvi-lo declarar sua alegria pelo meu ser e meu corpo, você, meu Pai, que se alegra comigo por amor. Senhor, sei que seus pensamentos não podem sequer conter a palavra "feio", pois você é tudo o que é bom, amável e santo. E por isso, se foram esses pensamentos que trouxeram cada pedacinho de mim à existência, abençoo esta parte que sou tentada a ver como feia e, em sua unção, a reconheço como boa, amável e imaculada aos seus olhos. Submeto o pensamento de "feio" a você e declaro esse detalhe do meu corpo como admirável e maravilhosamente feito por suas mãos. Na Sua misericórdia, eu vou acreditar. Ajude-me em minha descrença. Amém.

Benção para a sua sexualidade

Para mulheres casadas ou solteiras, esta bênção é um lembrete da excelência *de sua sexualidade e uma promessa de mantê-la como Deus planejou.*

Abençoo vocês, desejos do meu coração, anseios da minha alma, que me chamam à comunhão e ao amor íntimo com outros.

Eu os declaro santos e justos, e me comprometo a oferecê-los desta forma segundo o meu estado de vida.

Aprecio a capacidade de prazer que vocês me proporcionam e a vulnerabilidade que vocês me pedem.

Vocês são dádivas e um tesouro, e nenhuma vergonha me privará da alegria dada por Deus que obtenho ao expressá-los.

Deus me concede a graça de usá-los de acordo com Seus bons propósitos, e eu concordo com a vontade Dele para vocês.

Sigamos juntos em paz para amar e servir ao Senhor e aos outros em harmonia.

Graças a Deus.

Oferta bíblica de autoaceitação

Recitar estas Escrituras de forma ritmada e repetidamente todos os dias ou num dia qualquer em que você precise se lembrar de como se amar, corpo e alma, pode ajudar a afastá-la do ódio a si mesma, indo em direção à autoaceitação.

"O SENHOR te guiará continuamente e nas regiões áridas te saciará; renovará teu vigor, e serás como um jardim bem regado, um manancial, cujas águas jamais se esgotam."

(Is 58,11)

"Levanta-te, resplandece, pois chegou a tua luz, e a glória do SENHOR brilha sobre ti! Sim, as trevas envolvem a terra, e a escuridão os povos, mas sobre ti brilha a luz do SENHOR, sua glória sobre ti se manifesta."

(Is 60,1–2)

"Estavas abandonada, eras odiada e ninguém te visitava, mas faço de ti o orgulho perpétuo e a alegria para todas as gerações."

(Is 60,15)

"Pela vergonha que sofrestes, tereis o dobro, pelos insultos, recebereis deles aclamações jubilosas. Por isso herdarão na terra deles uma porção dupla, gozarão de uma alegria sem fim."

(Is 61,7)

"Exulto de alegria no SENHOR, e rejubilo em meu Deus! Pois revestiu-me dos trajes da salvação, envolveu-me com o manto da justiça"

(Is 61,10)

"Receberás um nome novo que a boca do SENHOR designará. Serás uma coroa magnífica na mão do SENHOR e uma tiara real na palma da mão de teu Deus. Já não te chamarão "Repudiada", e tua terra já não será chamada "Abandonada"; serás chamada, isto sim, "Minha querida", e tua terra terá o nome de "Desposada". Pois o SENHOR te concede o seu amor, e tua terra será desposada."

(Is 62,2–4)

"Não foi um enviado ou mensageiro que os salvou, mas sim ele em pessoa; foi ele que por amor e compaixão os resgatou, no passado ele sempre os ergueu e carregou."

(Is 63,9)

"SENHOR, tu és nosso Pai, nós somos o barro e tu o nosso oleiro, somos todos obra de tuas mãos."

(Is 64,8)

"Como a mãe consola o filho, assim eu vos consolarei; em Jerusalém sereis consolados."

(Is 66,13)

"Vós o vereis, e o vosso coração ficará cheio de júbilo, os vossos ossos ficarão verdes como o capim; a mão do SENHOR se manifestará a seus servos."

(Is 66,14)

Orações

Oração pelos ciclos da feminilidade

Senhor,

Você fez meu corpo feminino operar em ciclos físicos. Às vezes, esses ciclos me trazem conforto, alegria e prazer. Em outros dias, eles me trazem desconforto, dor e irritação. Dê-me a graça de agradecer os ciclos que distinguem minha feminilidade, os altos e baixos hormonais e químicos, o sangue e a água, o prazer e desconforto que são exclusivamente femininos e singularmente meus em meu próprio corpo. Ofereço a você todos os pensamentos, sentimentos, reações físicas e emoções que esses ciclos criam em mim, reconhecendo sua inerente excelência. Renove-me quando eu me sentir sobrecarregada pelas demandas do meu corpo feminino. Dê-me a presença de espírito para admitir quando os ciclos do meu corpo são reconfortantes e doadores de vida e agradecer. Confio que, enquanto meu corpo percorre seus ciclos naturais, eles são guiados por Sua mão. Eu entrego a você toda a extensão dos meus dias, ó Deus, e com eles a maravilha da minha feminilidade. Conceda-me saúde da mente e do corpo, traga-me a cura onde eu precisar e use esse corpo em todas as suas fases de acordo com a Sua santa vontade. Amém.

Oração para quando sua mente e emoções estão fragilizadas

Doce Jesus, meu Senhor encarnado,

No seu tempo na Terra, você testemunhou mulheres em muitos estados. Você observou mulheres se lamentarem e se regozijarem, chorarem de tristeza e se abraçarem de alegria. Você nos viu cantar e nos viu dormir. Você nos viu trabalhar e nos viu fracassar em nossos deveres. Você nos viu no nosso melhor e no nosso pior. E sempre, sempre, você nos estendeu a mão por amor e compaixão e nos atraiu para você. Então, eu sei que essa fragilidade que sinto hoje, esse cair aos pedaços, esse descoroçoamento, eu posso lhe mostrar. Ajude-me Jesus. Veja-me Jesus. Eu me sinto sozinha. Estou cercada por tanta escuridão. Tenho medo e me pergunto se alguém sequer poderia entender. Lembro-me de sua vida terrena, do jeito que você amou as mulheres que conheceu em qualquer estado em que as encontrou. Lembro-me da cruz e dos espinhos que perfuraram a sua cabeça e do suor que se transformou em sangue em sua grande agonia, e dos amigos que não estavam lá quando você se voltou para eles em busca de ajuda. E eu sei que você sabe, Senhor. Não tenho certeza se lhe ofereço essa mente instável como presente ou peço que a cure, mas o que sei é que preciso saber que você está próximo. Sopre sua paz sobre mim e toque as profundezas da minha humanidade com sua compreensão. Ampare-me, meu precioso e sofredor Salvador, enquanto eu me atiro à sua misericórdia, e junte os meus caquinhos quando eu não conseguir fazê-lo. Amém.

Oração à Mãe Santíssima quando você teme não ser suficiente

Mãe preciosa,

Não sou uma mulher perfeita. Não estou nem perto de ser uma mulher perfeita. Mas sou filha de meu Pai e sua filha também. Tenho medo, Mãe. Temo que, na minha imperfeição, eu não seja suficiente. Meus olhos se desviaram do seu olhar amoroso e acolhedor e contemplaram o mar de "superioridade" que me rodeia. Querida Mãe, traga-me de volta para o abraço sereno, a proteção de sua amabilidade, o manto que protege minha visão de todo pensamento de não ser suficiente para ser digna de amor. Ore por mim, Mãe querida, para que meu coração possa expressar com o seu um completo consentimento para com quem Deus me chamou e somente a mim para ser. E me guie pelo seu exemplo de louvor por tudo que Deus fez por mim e em mim. Que suas orações cheguem aos ouvidos de seu Amado por seus lábios perfeitamente puros e imaculados, e que a graça que Ele concede retorne a mim em suas mãos, pelo seu toque amoroso, minha mãe, me resgatando do medo e me entregando à segurança de um amor perfeito que sempre é suficiente e preenche todas as minhas falhas. Satisfaça-me como uma criança descansando com confiança em seus braços, pela misericórdia de seu filho Jesus Cristo. Amém.

Ore pela sua Talitá

Pai do Céu,

Reconheço que, às vezes, meu relacionamento Contigo, minha capacidade de confiar em Ti, de entregar minha vida completamente em Tuas mãos são afetados por minhas experiências de infância. Eu sei que há uma garotinha dentro de mim que ainda sofre de várias formas. E que eu ainda sou ela, mesmo como a mulher adulta que sou hoje. Há uma garotinha que foi ferida por outras pessoas de maneiras que só eu sei. Há uma garotinha que se lembra do momento em que deixou de pensar que era bonita e soube que não era. Há uma garotinha que sabe como é ser indesejada por alguém. Há uma garotinha que conhece a dor da rejeição. E essa garotinha ainda vive em meu coração, desejando Teu amor e, ao mesmo tempo, vestindo uma armadura defensiva para não sentir mais dor. Adentra os aposentos do meu coração, Senhor; vê-me deitada ali, jovem e pequena, com os olhos fechados. Pega na minha mão e ergue-me. Chama-me a levantar-me, minha *Talitá*, minha preciosa pequena. Traze-a de volta à vida, meu Deus, para que eu possa conhecer a abundância do Seu amor e viver plenamente mais uma vez. Devolve-me minha garotinha, Senhor, para que a mulher que eu sou possa buscar a santidade na plenitude. Amém.

Oração pela leveza

Espírito Santo, consolador e intercessor,

Estou afundando sob as expectativas do mundo. Sempre, não importa o quê, parece que sou pesada demais para alguém. Meu corpo pesa demais. Meus pensamentos são muito profundos. Meu coração está muito partido. Anseio por ser aceita por alguém que não me enxergue como excessiva. Anseio por ser leve e etérea, como você quando veio como uma pomba toda branca, ou línguas de fogo tremulantes, ou um vento suave através da terra. Parece que não consigo me livrar desse fardo de ser muito, muito pesada para o mundo em que vivo. Deposito minha confiança em você, que vem aperfeiçoar minha fé. Entrego a você esse peso e confio que seu amor vai me abarcar. Eu me lanço na sua vastidão, na amplidão de sua graça, deito-me e relaxo no mar de seu amor, e me deixo ser sustentada por sua mão consoladora. Estou sem peso no vasto oceano de misericórdia; conceda que me lembre de que nunca sou mais do que você pode suster e me liberte de todo espírito que me sobrecarrega com expectativas mais pesadas do que as suas para comigo. Eu sou sua; ampare-me e restaure a leveza que é minha por saber que há espaço para eu inteira em você. Amém.

Meditações

Meditação sobre sua criação

Feche os olhos e imagine as mãos de Deus trabalhando, criando você. Imagine a maneira como Ele se movia enquanto tecia cada camada em sua elaboração, célula por célula, articulação por articulação. Imagine a alegria entre a Trindade à medida que você vinha à existência, quando a cor dos seus olhos foi decidida e o formato de suas orelhas foi moldado. Permaneça lá o máximo possível, no momento em que você foi transformada em alguém pelas mãos de Deus, em amor puro e pleno. Imagine-O embalando sua preciosa alma enquanto a colocava gentilmente dentro do corpo que moldara para abrigar sua excelência. Veja Seu Espírito encobrindo-a com o instinto protetor de um Pai amoroso quando você nasceu. Deixe as imagens derramarem-se sobre você e permita que seu coração responda sincera e honestamente a essas imagens. Não pergunte o porquê. Não se deixe levar por pensamentos sombrios. Desfrute do grande deleite no rosto de Deus quando Ele a formou e medite sobre esse deleite.

Meditação para se reconectar com seu corpo

Quando deitar a cabeça no travesseiro e aquietar o seu corpo após as atividades do dia, reconheça as formas pelas quais hoje você se mostrou indiferente em relação ao seu corpo e suas necessidades. Sinta os lugares onde você está acumulando a tensão, a ansiedade ou a dor do fracasso do dia. Sinta o peso dos pecados ou imperfeições do dia. Acalme a respiração e, ao inspirar, imagine o amor e a misericórdia de Deus inundando o seu corpo. Ao expirar, libere as tensões, medos, fracassos e pecados do dia para Ele. Começando no topo da cabeça e movendo-se para baixo, simplesmente perceba todas as regiões do seu corpo, sinta a sensação de cada conexão com as outras partes do corpo e como ele abriga seu espírito. Relaxe em repouso, lembrando-se de que seu corpo e sua alma são um só, ciente dessa união e da excelência combinada dos dois. Faça uma oração de cura para qualquer parte sua – física, espiritual ou emocional – que necessite. Agite os dedos rapidamente, e então, aos poucos, cada vez mais devagar até parar por completo. Deixe seu corpo mergulhar nessa serenidade e convide-o a um descanso, oferecendo isso como um presente.

Meditação sobre como cuidar bem de si mesma

Tomando emprestada a ideia da história de Jessica, compartilhada anteriormente no livro, reserve um tempo todos os dias para refletir sobre esta lista pela manhã e permita-se atender às suas próprias necessidades:

Quando tirarei um tempo hoje para tomar um banho quente ou fazer outra coisa que me traga conforto? Eu me permito buscar conforto que me renove e me restaure, de corpo e espírito.

Como irei me alimentar bem hoje? Eu me permito sentar para fazer minhas refeições devagar e em paz, e preparar para mim os alimentos que sei que me nutrem bem.

Preciso de hidratação para me sentir alerta e enérgica. Vou me lembrar de beber minha água hoje. Eu me permito parar quando precisar e manter meu corpo suprido com o que ele necessita para desempenhar bem suas funções.

Estou reagindo ou deixando de reagir por puro cansaço? Estou me sentindo mal, excessivamente ansiosa, à beira da depressão? Onde posso encaixar uma soneca como cuidado preventivo? Eu me permito descansar quando necessário.

Estou me sentindo sozinha e como se ninguém pudesse me entender? Estou muito sobrecarregada ou ansiosa para encontrar soluções ou esperança na minha situação? Para quem posso ligar e pedir ajuda? Eu me permito pedir ajuda quando precisar.

Meditação sobre o seu lugar no universo

Sente-se em uma área aberta, se lhe for possível, e pare para imaginar algumas das glórias do universo. A vastidão da Via Láctea. O número de estrelas. Os grãos de areia sobre a Terra. A forma como o oceano sabe onde terminar e a terra onde começar. Toda a variedade de flores, árvores e frutas que há no mundo. Cada espécie animal. Então, pense na grandiosa realidade de cada pessoa que já viveu e viverá nesta Terra. Pense em como todas essas coisas, desde as estrelas aos grãos de areia, todo fio de cabelo de todas as cabeças de todas as pessoas que já existiram e existirão, foram contadas por Deus. Agora veja a si mesma, no meio daquele mar de rostos, sob a vastidão do céu, parada sobre a grande extensão de terra. E imagine Deus vendo você, apontando para você, olhando para o seu Filho único e dizendo: "Aquela. Eu quero aquela. Vais buscá-la para mim?". Agora imagine Jesus, pegando sua divindade e depositando-a nas primeiras células do crescimento humano, pensando em você o tempo todo. Imagine Jesus durante toda a sua vida com você em mente, lembrando-se do rosto de seu Pai quando Ele olhou para você e desejou sua salvação. Deixe seu coração responder livremente e sem reservas ao amor de Jesus – fique nua diante dele.

Meditação sobre o seu corpo glorificado

Reserve um tempo para pensar sobre como será o seu corpo naquele dia de glória, quando ele retornar para você, se sua esperança do céu for realizada. Como você quer que ele seja? Qual seria a forma perfeita, em última análise, para se ajustar à sua alma depois de ver a face de Deus? Pense nos detalhes. Encare seus sonhos com leveza e senso de humor. Que imperfeições você espera que sejam retiradas? Que idade terá o seu corpo? Quais características você espera que não sejam alteradas? Ao pensar nos detalhes do seu corpo glorificado, deixe a esperança do céu crescer dentro de você e ofereça uma oração de amor desejoso a Deus, o Amante da sua alma. Olhe-se no espelho após a meditação e sorria, pensando no modo como você já reflete o esplendor daquele corpo glorificado, na esperança de uma eternidade de perfeita e inesgotável alegria.

Posfácio

Era outubro quando assinei um contrato para escrever um livro sobre fé e o corpo feminino. Não tinha certeza exatamente de como isso seria, nem de ser qualificada para fazê-lo. Mas o Espírito vinha inspirando questões e ideias em meu coração e como expressá-los em palavras, e as mulheres manifestavam o desejo por mais dessas conversas com grande sinceridade todas as vezes que aconteciam. Por isso, cheia de fé, concordei em escrever as palavras de Deus para o coração das mulheres e para o seu eu físico, para lhes revelar as bênçãos que Ele deseja que seus corpos sejam.

Concordei, mesmo à beira do esgotamento, lutando contra uma doença mental até então não diagnosticada e nutrindo níveis de autocrítica que resultaram em comportamentos destrutivos. Em dezembro, essas fraquezas convergiram numa crise física e emocional total, um verdadeiro colapso nervoso, exigindo hospitalização e uma grande mudança de perspectiva e estilo de vida.

Isso foi seguido por um extenso programa de terapia para me recuperar do meu colapso físico e mental. Ainda estou frágil e, muitos dias, frustrada com essa fragilidade. Ainda estou identificando as raízes das minhas feridas e os gatilhos que iniciam minhas espirais descendentes. Estamos todos trabalhando juntos, médicos, psiquiatras e psicólogos, bem como mentores espirituais, para tentar descobrir como me trazer de volta à saúde holística.

E aqui estou eu, terminando este livro. O que eu quero que você saiba, cara leitora, é que cada palavra que você leu aqui foi vivida como foi escrita. Fui em frente porque compartilhar essa história do coração de Deus para as mulheres e Seu grande desejo de que vivamos nuas e sem vergonha foi tão estimulante para mim quanto eu esperava que fosse para qualquer pessoa que a lesse.

Portanto, termino com esta nota de encorajamento: se você chegou ao final deste livro e sente que talvez tenha mais trabalho a fazer do que pensava quando começou, que talvez esteja mais longe de responder suas questões sobre o que significa viver dentro de um corpo feminino ao mesmo tempo projetado por Deus e capaz de negá-Lo, não se desespere. Não desista da esperança. Não tenha medo.

Estou aqui com você, esperando com você, acreditando com você, que seremos mais ricas por termos retornado a nós mesmas, por termos considerado quem éramos quando éramos Eva e como somos redimidas pela graça. Estou aqui com você, reconhecendo como é maravilhoso ser mulher e quão difícil isso também pode ser. E estou acreditando com você e implorando a Deus que nos ajude com nossa falta de fé.

Este não é um livro para se chegar ao fim e fazer a coisa certa. Este é um livro sobre o caminho da graça em direção à luz da eternidade, de volta a quem éramos quando éramos Eva. E fazer isso juntas, em passos pequenos e talvez incertos, mas sempre caminhando, sabendo que você nunca está sozinha. Obrigada por caminhar comigo. Espero que nos encontremos no jardim um dia.

Colaboradoras

Sarah Margaret Babbs escreve na interseção da justiça social com o sofrimento. Tendo perdido a mãe aos sete anos, Sarah testemunha sobre como é navegar pela vida como filha sem mãe e pela maternidade moldada pela perda. Seu blog é *Fumbling Toward Grace*. Seu trabalho também apareceu em *Blessed Is She, Sick Pilgrim* e *US Catholic*. Sarah vive em Carmel, Indiana, com o marido e três filhos.

Margaret Baglow tem dezessete anos e é estudante do Ensino Médio nos programas *honors* e *advanced placement*, repórter e membro do clube de oratória e debates. Atua em musicais e peças, é uma ávida leitora, assiste Netflix, é amante da literatura e da escrita e entusiasta das garrafas de água Nalgene e de sandálias esportivas do tipo Chaco. Ela mora em Covington, Louisiana, com seus pais e três irmãos.

Elise Barrett é mãe de três filhos, escritora/editora e cantora/compositora. Seu livro *What Was Lost: A Christian Journey through Miscarriage* recebeu o prêmio Christianity Today's de melhor livro e ela lançou dois álbuns solo. Elise também faz parte de um projeto musical colaborativo chamado Sister|-Sinjin. Você pode se conectar com ela em EliseBarrett.com.

Shannon Evans é escritora, podcaster, vive numa comunidade e é apreciadora de pessoas estranhas. Encontre-a on-line no blog *We, A Great Parade* e no Instagram como @shannonkevans.

Jessica Mesman Griffith é a cofundadora do *Sick Pilgrim*, um blog e comunidade para artistas e outros desajustados espirituais, e autora de quatro livros, incluindo as memórias *Love and Salt* e *Strange Journey*. Você pode encontrá-la online em JessicaMesman.com.

Judy Landrieu Klein é autora, teóloga e palestrante inspiracional. Seus livros incluem *Miracle Man* e Mary's Way: O poder de confiar seu filho a Deus. Judy escreve sobre a vida espiritual em MemorareMinistries.com.

Mary Lenaburg é escritora, palestrante, esposa e mãe, compartilhando suas experiências e testemunho sobre o amor redentor de Deus e a fé que nos dá coragem para querer o que Deus deseja para nós, mesmo que não possamos enxergar para onde o caminho nos leva. Mary mora no norte da Virgínia com o marido, com quem está casada há 28 anos, e o filho crescido. Ela pode ser encontrada em MaryLenaburg.com.

Kim Padan espera ajudar as pessoas a encontrar alegria em um relacionamento mais profundo com Jesus e na confiança mais plena nos sacramentos. Ela é casada há mais de vinte e três anos, mãe de um filho, Gabriel, natimorto, e de quarenta e um filhos adotivos com mais de oito anos. Ela escreve sobre vida e fé no blog GabrielsMom.com.

Sharon Wilson mora em Minnesota com o marido, dois filhos e vários animais. Ela fala, escreve e compartilha sobre a cura de Deus e a grande dádiva de ser católica. Encontre-a em GlorifiedWounds.com.

Apêndice

<table>
<tr><th colspan="7">O ser humano todo em resumo</th></tr>
<tr><td rowspan="3">Faculdades racionais</td><td colspan="3" rowspan="2">Intelecto</td><td>Especulativo</td><td></td><td rowspan="3"></td></tr>
<tr><td>Prático</td><td>Prudência</td></tr>
<tr><td colspan="3">Vontade (Desejo espiritual)</td><td>Amor plenamente humano</td><td>Justiça</td></tr>
<tr><td rowspan="23">Faculdades animais (Emoções ou Paixões)</td><td rowspan="11" colspan="2">Conhecimento sensitivo</td><td colspan="2">Unificação/Senso comum</td><td rowspan="11"></td><td rowspan="6">Interno</td></tr>
<tr><td>Estimativa / Avaliação útil</td><td>Instinto (animal)</td></tr>
<tr><td rowspan="2">Memória</td><td>Recordação (animal e homem)</td></tr>
<tr><td>Reminiscência (homem apenas)</td></tr>
<tr><td rowspan="2">Imaginação</td><td>Reprodutiva (animal e homem)</td></tr>
<tr><td>Criativa (homem apenas)</td></tr>
<tr><td rowspan="5">Sentidos</td><td>Visão</td><td rowspan="5">Externo</td></tr>
<tr><td>Audição</td></tr>
<tr><td>Olfato</td></tr>
<tr><td>Paladar</td></tr>
<tr><td>Tato</td></tr>
<tr><td rowspan="11">Apetite sensitivo</td><td rowspan="5">Fonte de energia</td><td colspan="2">Esperança</td><td></td><td rowspan="5">Irascível</td></tr>
<tr><td colspan="2">Coragem</td><td rowspan="3">Fortaleza</td></tr>
<tr><td colspan="2">Medo</td></tr>
<tr><td colspan="2">Desespero</td></tr>
<tr><td colspan="2">Raiva</td><td></td></tr>
<tr><td rowspan="6">Causa do movimento interno</td><td>Amor</td><td rowspan="3">Em direção ao BEM</td><td></td><td rowspan="6">Concupiscente</td></tr>
<tr><td>Desejo</td><td></td></tr>
<tr><td>Alegria</td><td rowspan="2">Temperança</td></tr>
<tr><td>Ódio</td><td rowspan="3">Para longe do MAL</td></tr>
<tr><td>Aversão</td><td></td></tr>
<tr><td>Tristeza</td><td></td></tr>
<tr><td colspan="6">Movimento de um ponto ao outro – Locomotora</td></tr>
<tr><td rowspan="3">Faculdades vegetativas</td><td colspan="6">Reprodução</td></tr>
<tr><td colspan="6">Desenvolvimento</td></tr>
<tr><td colspan="6">Nutrição</td></tr>
</table>